# niño
# genial

# niño
# genial

## Dr. Richard C. Woolfson

Guía de actividades
para la estimulación de su hijo

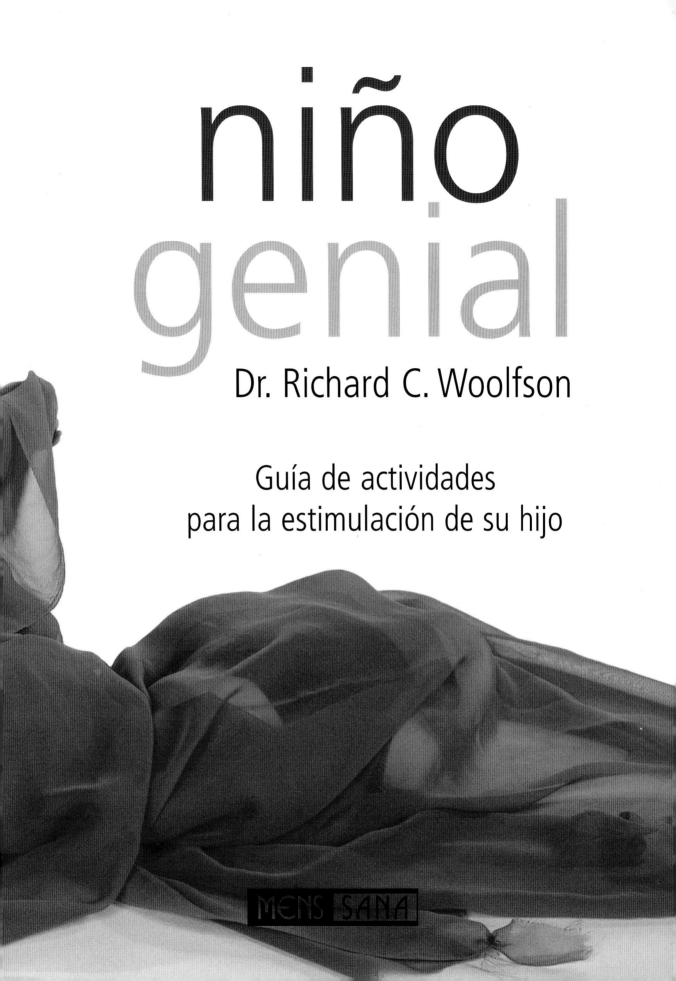

MENS SANA

# Sumario

## Aptitudes lingüísticas 84

## Aprendizaje 102

## Desarrollo socioemocional 120

# La importancia de la estimulación

Entre los 15 meses y los 3 años de edad, su hijo se desarrolla a un ritmo asombroso, y su curiosidad y su sed de conocimientos parecen insaciables. Es cada vez más ágil físicamente y más sociable. Al principio de su segundo año de vida, prefiere observar a otros niños a distancia. Dentro de pocos meses, probablemente disfrutará jugando con los de su misma edad, y hacia el final del tercer año empezará a relacionarse con ellos. Esta etapa de la vida de un niño conlleva un espectacular aumento de su independencia, con altibajos temporales en la confianza en sí mismo. Usted puede contribuir al desarrollo de su hijo proporcionándole estímulos adecuados que le animen a descubrirse y a descubrir el mundo que le rodea, hasta convertirse en un niño genial.

**Un explorador en camino**

Su hijo crece con un deseo innato de explorar territorios desconocidos y hace cuanto puede por aprender cosas nuevas continuamente. Esta determinación por entender su entorno, interactuar con otros niños y ejercer un mayor control sobre sí mismo y lo que le rodea prosigue a lo largo de su segundo y tercer años de vida.

La curiosidad es un importante estímulo para su aprendizaje. Por ejemplo, su decisión de ver lo que hay en el piso de arriba le impulsa a subir escaleras, aunque remontar los escalones siga siendo un gran reto físico para él. Pero ésa no es la única razón de que quiera subir todo el tramo de los peldaños. La verdad es que necesita demostrarse que es capaz de hacerlo; la sonrisa radiante que ilumina su rostro cuando por fin corona los últimos escalones es la prueba de que se siente orgulloso de su éxito.

Descubrirá que su hijo siempre está en movimiento, dispuesto a explorar a la primera ocasión. Gran parte del tiempo se entretiene solo, investigando todo lo que esté a su alcance y le despierte su curiosidad. Por ejemplo, cuando se quede solo en la salita de estar, un niño de 18 meses quizá hurgue en la alacena y vacíe su contenido por el suelo. A la edad de 2 años ya puede probar empezar a jugar en el tobogán del

*El instinto de los niños es explorar su entorno físicamente; les encanta el reto de subir escaleras.*

▲ *La expresión de júbilo de esta niña refleja su placer por haber llegado al piso de arriba ella sola.*

parque o del jardín, sólo para ver qué se siente. Y cuando tenga 3 años aprenderá nuevas habilidades físicas y costumbres sociales jugando con otros niños de su edad.

A usted le encantará ver a su hijo realizando estos descubrimientos. Es casi como si aprendiera sin ninguna ayuda de los adultos, y hasta cierto punto es verdad. Pero los nuevos conocimientos y habilidades que adquiere entre los 15 meses y los 3 años, aprendidos con su propio esfuerzo, se basan en la estimulación que usted le proporciona.

### Evolución en compañía

Utilizando las sugerencias de este libro podrá ampliar y enriquecer las experiencias cotidianas de su hijo. Considérelo una asociación entre usted y su hijo que fusiona sus talentos e impulsos innatos con el plan de acción que usted prepara. De este modo creará una interacción dinámica cuyo resultado será una vida interesante y llena de desafíos para él.

Pero no sólo se trata de potenciar su aprendizaje: también existen beneficios emocionales. A fin de cuentas, todo niño mejora con el amor y las atenciones de sus padres. Adora su interés y probablemente intenta hacer las cosas con un poco más de empeño cuando sabe que usted está mirando. Verá como busca su mirada, orgulloso de sus propios logros, esperando ver una expresión similar en usted. Y cuando la encuentre, seguirá adelante.

Usted también se beneficiará de esta relación. Interactuar con su hijo de un modo positivo –no sólo cuando se porta mal o necesita comer– amplía su relación con él. El vínculo emocional entre ambos se refuerza como consecuencia del trabajo en equipo, porque cada uno aprende a conocer al otro de nuevas maneras. Él descubre que usted puede ser una fuente de diversión y de apoyo, y usted descubre las habilidades de su hijo. Esta mayor proximidad aumenta la confianza del pequeño, que pronto estará preparado para intentar nuevos retos.

▼ *Una relación estrecha y cariñosa con su hijo es vital para transmitirle la confianza necesaria para aprender y desarrollarse.*

## ❖❖❖❖ Consejos ❖❖❖❖

**1. No le domine.** El desafío al que se enfrenta como madre o padre es proporcionarle un alto grado de estimulación sin imponerse por completo. Recuerde que ambos deben trabajar juntos para potenciar su desarrollo.

**2. Disfrute jugando con él.** Si usted no disfruta jugando con su hijo y él no lo pasa bien cuando están juntos, su ritmo de aprendizaje será más lento. Por eso debe contemplar las actividades que le propone como algo divertido, no sólo como un aprendizaje, y asegurarse de que se rían juntos todos los días.

**3. Deje margen a su hijo.** No es necesario que esté todo el día encima de él, con la intención de asegurarse de que aprende algo a la menor oportunidad. Él disfruta con los estímulos que usted le proporciona, pero también cuando tiene margen para explorar y aprender por su cuenta.

**4. Proponga las actividades adecuadas.** Encuentre el equilibrio entre animarle a progresar y forzarle tanto que acabe perdiendo el interés. Elija las actividades más acordes con su grado de comprensión y sus capacidades actuales y prepare las más convenientes para él.

**5. Disfrute con sus logros.** Sean cuales sean sus aptitudes y talento, su hijo es un niño muy especial. Es maravilloso y necesita que usted se lo diga. Demuéstrele que le complace cada nueva habilidad que adquiere.

# Utilización de este libro

Cuanto mejor comprenda usted la naturaleza del desarrollo de su hijo entre los 15 meses y los 3 años de edad, en mejor situación estará para estimular sus progresos. Este libro le ayudará a avanzar por dicho camino de comprensión, identificando las áreas clave del desarrollo psicológico que su hijo experimente durante esta fascinante época de su vida. De todos modos, intente adoptar una visión amplia, más que considerar cada área del desarrollo de forma aislada, porque los diferentes aspectos del crecimiento de su hijo interactúan constantemente. *Niño genial* propone un enfoque global de la estimulación infantil porque está demostrado que este modo equilibrado de potenciar el desarrollo de los niños es más eficaz que concentrarse en una sola característica.

**Cómo utilizar este libro**

Hay muchas maneras de clasificar los aspectos del desarrollo infantil. Este libro se centra en cinco dimensiones básicas:

• **Desarrollo psicomotor.** Es la capacidad de su hijo de mover los brazos, piernas y cuerpo de un modo coordinado y voluntario. A los 15 meses, camina independientemente y va donde quiere, incluso sube y baja escaleras. A los 3 años se mantiene en equilibrio de puntillas, salta un escalón sin desequilibrarse al aterrizar e incluso se queda «a la pata coja», levantando un pie del suelo, y realiza sus primeros intentos de saltar en esta posición.

• **Coordinación oculomanual.** Durante el segundo año de vida empieza a garabatear en una hoja de papel en blanco con lápices de colores, y al final del tercer año su control manual probablemente habrá mejorado tanto que podrá copiar el círculo que usted le ha dibujado en un papel. Quizá intente detener una pelota que rueda por el suelo en su dirección. Siempre disfruta ayudándole a usted a guardar los juguetes e imita sus actos, como quitar el polvo de una mesa.

• **Aptitudes lingüísticas.** Al cumplir los 15 meses ya le habrá oído pronunciar su primera palabra, y probablemente varias más. Su expresión y su lenguaje seguirán desarrollándose rápidamente, y hacia su tercer cumpleaños probablemente emplee bien más de mil palabras en sus conversaciones cotidianas (incluyendo pronombres) y también empiece a comprender las reglas gramaticales.

• **Aprendizaje.** La sed de aprender que era tan evidente durante los primeros 15 meses de vida de su hijo sigue insaciable en la siguiente etapa del desarrollo. Al principio, su memoria apenas le permite recordar dónde se dejó el último juguete. Cuando celebre su tercer cumpleaños, se habrá transformado en un niño capaz de comparar con exactitud dos cantidades distintas y de contarle a usted una experiencia especial que vivió días atrás.

• **Desarrollo socioemocional.** Su hijo seguirá dependiendo mucho de

▲ *Hacia los 3 años, su hijo dominará una amplia gama de actividades físicas, incluyendo correr y saltar.*

usted emocionalmente a lo largo de su segundo y tercer años, y esto le aportará la estabilidad emocional necesaria para establecer relaciones sociales con otros niños. Quizá no sea cooperativo cuando juegue con ellos ni al cumplir los 3 años, pero le encantará estar en su compañía.

## Sea flexible

Quizá tenga usted un plan para el desarrollo de su hijo, pero no dude de que él tiene uno distinto. En otras palabras, su hijo es un individuo único. Por eso debería usted considerar este libro sólo una guía orientativa, no un programa inmutable de actividades y ejercicios.

Lo mismo puede decirse de las diferentes áreas de desarrollo descritas en este libro. Aunque, por ejemplo, el desarrollo de las aptitudes lingüísticas se comenta en un capítulo diferente al de la coordinación oculomanual, y aunque el aprendizaje se describe por separado del desarrollo socioemocional, cada área del desarrollo interactúa con las demás. Cuando su hijo consiga finalmente subir solo las escaleras –un logro físico–, se reforzará su confianza, lo que a su vez le animará a intentar nuevos retos, un avance emocional.

Análogamente, al comprender mejor el lenguaje podrá seguir instrucciones con más eficacia, y eso le permitirá aprender de los consejos de los adultos.

En conclusión, este libro puede utilizarse de muchas maneras. Sólo recuerde que su hijo necesita estimulación en todas las áreas y que las actividades constructivas que emprendan juntos le beneficiarán, siempre que usted las plantee de una forma relajada.

▼*Aprender a esta edad no tiene que ser algo programado o estructurado: el jardín y el parque, por ejemplo, proporcionan un caudal de experiencias estimulantes.*

## ✦✦✦✦ Consejos ✦✦✦✦

**1. Busque una visión general.** Esfuércese por hojear los capítulos del libro regularmente, con el fin de obtener una visión global del desarrollo de su hijo. Le ayudará con más eficacia si mantiene una visión amplia.

**2. Ensayo y error.** El hecho de que su hijo tenga una personalidad única implica que le gustarán algunas de las actividades y no otras. Eso es bueno: ninguna actividad aislada es vital para su desarrollo, de modo que no se enfade con él: simplemente pase a otra cosa.

**3. No se obsesione con la edad.** Recuerde que las edades que se indican en este libro sólo son orientativas. Sin duda descubrirá que su hijo hace algunas cosas antes de lo que se sugiere aquí y otras más tarde. Esto es perfectamente normal.

**4. Use la imaginación.** No tema inventar actividades por su cuenta si se le ocurre alguna idea. Utilice juguetes distintos de los sugeridos aquí, si cree que son más adecuados para su hijo.

**5. No le fuerce demasiado.** Las actividades propuestas en este libro no son exámenes que el niño deba aprobar a una edad concreta. Cuando no pueda practicar alguno de los juegos o actividades concretos, vuelva a proponérselo al cabo de unas semanas, cuando esté más preparado, o sálteselo tranquilamente.

**6. Diviértase.** Estar en compañía de niños de estas edades es una delicia. Utilice este libro para aumentar sus posibilidades de divertirse con su hijo durante esta etapa, pero no deje que eso domine el tiempo que pasan juntos.

# Su actitud

Es necesario que usted adopte una actitud ecuánime y positiva a la hora de estimular a su hijo; por ello es esencial alcanzar un equilibrio entre la insuficiencia y el exceso de estimulación. Si está insuficientemente estimulado, quizá note que se aburre o se vuelve apático; y si está excesivamente estimulado, puede angustiarse, cansarse e irritarse por cualquier cosa. Naturalmente, no es fácil alcanzar el equilibrio perfecto, pero cuando usted le invite a participar en las actividades sugeridas en este libro, observe atentamente sus reacciones. Supervíselas cuidadosamente para evitar caer en los excesos.

**El equilibrio correcto**

La mejor manera de determinar si está usted consiguiendo o no un grado de estimulación adecuado para su hijo es anotar cualquier cambio de humor significativo en él. Los signos habituales de una estimulación insuficiente incluyen cierto grado de pasividad en general, poco interés por sus juguetes, falta de viveza en su lenguaje corporal y en sus expresiones faciales y un grado de cansancio mayor de lo normal. Quizá esté además inusualmente tranquilo y se altere con facilidad por cosas que normalmente estarían dentro de sus posibilidades.

Los signos habituales de un exceso de estimulación incluyen un alto grado de actividad porque el niño tiene la sensación de que necesita estar en movimiento todo el tiempo, unos patrones de sueño cambiantes y fluctuaciones en la capacidad de concentración, que a veces resultan impredecibles. Preste atención a estas señales de aviso para garantizar que el equilibrio alcanzado es el correcto. En la mayoría de los casos, sin embargo, existe un mayor riesgo de exceso de estimulación que de insuficiencia. Las razones de ello son varias:

En primer lugar, los padres suelen tener un deseo natural de animar a su hijo para que desarrolle al máximo su potencial, y esto puede empujarles inadvertidamente a forzar un grado de estimulación mayor de lo que realmente necesita. En segundo lugar, quizá crean que la estimulación sólo puede hacerle bien a su hijo, al margen de la cantidad, porque siempre hay cosas que aprender. Por supuesto, la capacidad de un niño de asimilar nueva información jamás se agota, pero la estimulación tiene que dosificarse adecuadamente para cada

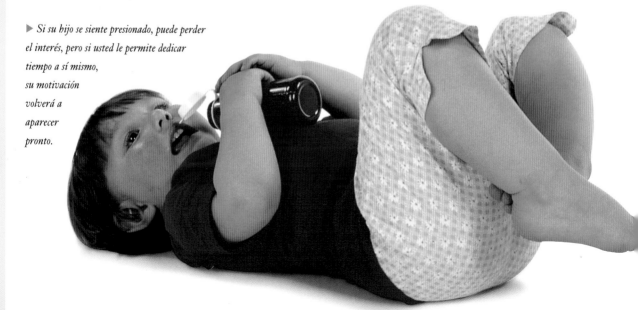

▶ *Si su hijo se siente presionado, puede perder el interés, pero si usted le permite dedicar tiempo a sí mismo, su motivación volverá a aparecer pronto.*

niño o su motivación pronto disminuirá.

En tercer lugar, probablemente lo comparen con otros niños de su misma edad para evaluar su ritmo de desarrollo por contraste. Cualquier indicio de que está menos avanzado que los otros (y siempre habrá alguien

más avanzado que su hijo) quizá los someta a la presión de forzarle más.

Esfuércese por resistirse a las presiones para aumentar en exceso la estimulación. Mientras sea consciente de este peligro y dé un paso atrás de vez en cuando para reflexionar sobre lo que está haciendo con su hijo, las posibilidades de estimularle demasiado se mantendrán en niveles mínimos.

No piense en la cantidad de tiempo que puede dedicar a las actividades propuestas en este libro. Depende mucho de las preferencias de su hijo y de las suyas, de la rutina familiar y del grado de desarrollo del pequeño. Recuerde también que de todos modos el niño está recibiendo estímulos durante el día, sólo con observar lo que sucede a su alrededor y participando en las actividades cotidianas del hogar, como lavarse, vestirse, comer, ir al lavabo, etc.

El mejor método es integrar las actividades sugeridas en su esquema de juegos normal, de modo que parezcan espontáneas. Por regla general, no dedique más de 5 minutos seguidos a una misma actividad; si su hijo

todavía se esfuerza por conseguir el objetivo después de ese tiempo, es hora de concederse un descanso. Sin duda, no tiene ningún sentido continuar cuando el interés y la atención del protagonista se hayan desviado. No se puede obligar a un niño de 2 años a que muestre entusiasmo; necesita que le animen delicadamente, no que le presionen.

Cuando usted decida que ambos han dedicado el tiempo suficiente a una actividad, pase a algo distinto, como dar un paseo o dejar a su hijo elegir con qué quiere jugar a continuación. Probablemente descubra que eso renueva su entusiasmo y le pone a punto para seguir aprendiendo. No se enfade con él si no aprende a la velocidad que usted esperaba: hace lo que puede, y su irritación tenderá a hacerle aborrecer esa actividad en el futuro.

▶ *Una niña feliz y animada, absorta en sus actividades, es el mejor indicio de que le están proporcionando el grado de estimulación correcto.*

# Introducción

# al desarrollo

# Naturaleza o crianza

La mayoría de los psicólogos aceptan que en el desarrollo de un niño de esta edad influyen en parte las capacidades con las que ha nacido y en parte el modo cómo ha sido educado en casa. Naturalmente, es difícil conocer la importancia relativa de cada uno de estos factores. Las opiniones de los padres afectan a su modo de interactuar y estimular a sus hijos. Unos padres que crean que el talento innato es más importante que las habilidades adquiridas a la hora de decidir el desarrollo del niño quizá prefieran adoptar una actitud más pasiva, convencidos de que su hijo desarrollará su potencial sin que tengan que intervenir demasiado. Por el contrario, unos padres que consideren que el entorno puede determinar el desarrollo, es más probable que adopten un enfoque más dinámico y organicen actividades más estructuradas.

**El debate**

A continuación se exponen algunos argumentos en favor de la «naturaleza» (es decir, la concepción de que el desarrollo en edad preescolar viene determinado principalmente por las características hereditarias):

• **No cabe duda de que los niños heredan algunos rasgos físicos de sus padres**, por ejemplo, el color de los ojos y el cabello. Esto demuestra que algunas características son heredadas y es lógico suponer que otras tendencias también se transmiten genéticamente.

• **La investigación científica de las estructuras genéticas ha comprobado que muchos aspectos del desarrollo ya están definidos desde la concepción.**

• **Los estudios demuestran que los padres con gran talento para la música tienen hijos con una capacidad de aprender a tocar un instrumento musical superior a la media.** Esta inclinación por la música se demuestra sin que nadie la insinúe y no se deriva de una estimulación intensa por parte de los padres.

• **Existen ejemplos ocasionales de niños prodigio;** dicho de otro modo, niños extraordinariamente dotados, cuyo talento se demuestra aunque sus padres no presenten las mismas habilidades excepcionales. Esto se considera una prueba adicional de que tales características son innatas.

Éstos son algunos de los argumentos en favor de la «crianza» (la concepción de que el desarrollo en edad preescolar está regido principalmente por el

▶ *La individualidad de un niño surge de la interacción entre sus características hereditarias y su entorno, que le hacen diferente de sus hermanos en cuanto a talento y temperamento.*

grado de estimulación que recibe el niño en el hogar):

• **Los padres con educación superior suelen valorar mucho la estimulación precoz** y por lo tanto organizan todo un programa completo de actividades para sus hijos. Como resultado de esta aportación, los niños tienden a desarrollarse más deprisa, y ésta es una de las razones de que los padres y sus hijos tiendan a conseguir un grado de éxito similar.

• **Las investigaciones demuestran que la conducta de los padres influye mucho en el desarrollo de sus hijos.** Por ejemplo, numerosos estudios han demostrado que los padres tienden a aceptar el comportamiento agresivo de los niños pero reprimen dicha conducta en las niñas. Ésta puede ser la razón de que los niños suelan ser más agresivos que las niñas.

• **El sentido común y la experiencia cotidiana indican que lo que usted hace afecta a su hijo.** Piense en una canción que su pequeño haya aprendido. No podría haberlo logrado solo; necesitaba que usted le enseñara la melodía y la letra. Seguro que se le ocurren otros ejemplos de aprendizaje parecidos.

• **Numerosos estudios han constatado un desarrollo más satisfactorio en niños en edad preescolar sometidos a un programa de actividades de estimulación planificado.** Si todo se debiera exclusivamente a la naturaleza y no tuviera nada que ver con la crianza, este tipo de intervención sería totalmente ineficaz.

### Un poco de ambos

Ambos bandos de este debate pueden presentar argumentos convincentes, pero es poco probable que un punto de vista radical sea correcto. Para la mayoría de nosotros está claro que el modo como se desarrolla un niño es una mezcla de sus capacidades innatas, que ya estaban presentes desde el nacimiento, con la educación. Lo que cuenta es la delicada interacción entre ambas influencias.

Las lecciones prácticas para los padres que surgen de este debate son: no lo deje todo al azar con la esperanza de que el talento natural de su hijo se manifieste en todo su esplendor sin que usted intervenga; y no abrigue esperanzas demasiado elevadas, creyendo que su hijo puede conseguirlo todo siempre que reciba el tipo de estimulación adecuado. La intervención de los adultos es más eficaz cuando se dosifica cuidadosamente y se adapta estrechamente al patrón de desarrollo del niño como individuo.

▼ *Adapte su actuación como madre o padre a la personalidad y a las aptitudes de su hijo o hija; incluso en el seno de una misma familia, los hermanos suelen desarrollar habilidades distintas y a ritmos muy diferentes.*

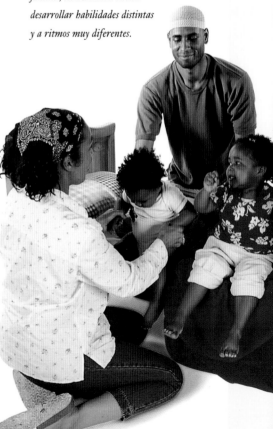

---

## ✦✦✦✦ Consejos ✦✦✦✦

**1. Participe de todos modos.** Ya ha descubierto que jugar con su hijo tiene un efecto muy positivo. La reacción emocional del pequeño le indica a usted que prefiere contar con su atención que sentirse excluido.

**2. No espere progresos espectaculares.** Es muy improbable que su hijo mejore ostensiblemente de la noche a la mañana en ninguna área del desarrollo. Los progresos suelen ser lentos y constantes, por lo que es preferible observar los pequeños avances.

**3. Identifique los intereses de su hijo.** Descubra qué actividades, juegos y juguetes suelen cautivar su atención y úselos como punto de partida para nuevas actividades de estimulación. Deberá ir introduciéndolas periódicamente con el fin de ampliar los intereses del niño.

**4. Insista aunque los progresos sean lentos.** El hecho de que su hijo progrese lentamente en un área no significa que siempre vaya a ser lento en su aprendizaje. Tiene todo el potencial de aprender y depende de usted seguir animándole hasta que pase a la etapa siguiente.

**5. Acepte su individualidad.** Su hijo no es igual que su hermano o hermana, o que los hijos de sus amigos: es un individuo único que se desarrollará a su propio ritmo durante los primeros años de vida.

# Rivalidad entre hermanos

Es normal que haya un intervalo de unos dos años entre los hijos, así que cuando el primero tenga unos 2 años, el segundo puede estar ya en camino o incluso haber nacido. Sin embargo, en el momento en que nace el segundo hijo –de hecho, en el momento en que el primogénito comprende que tiene un hermanito o hermanita en camino–, es necesario plantearse la posibilidad de que exista una rivalidad entre hermanos. Los celos entre hermanos son tan comunes que la mayoría de los psicólogos los consideran normales, y surgen porque los hijos compiten por el tiempo y la atención de sus padres. No obstante, usted puede hacer mucho por suavizar esta rivalidad.

**Sobre la rivalidad entre hermanos**

Su hijo quizá demuestre celos de sus hermanos o hermanas de varias maneras. Por ejemplo, un niño de 2 años puede volverse caprichoso cuando nace otro bebé; o uno de 3 años puede quejarse de que su hermanito juega con sus juguetes sin pedirle permiso. Pero la rivalidad entre hermanos no se limita únicamente al primogénito. Existen evidencias científicas de que los hijos segundo y tercero pueden enojarse con la llegada de un nuevo hermano, aunque ya estén acostumbrados a convivir entre ellos. Y los niños más pequeños tienen a veces celos de los hermanos mayores, razón por la cual su hijo de 18 meses puede echarse a llorar cuando ve que su madre acuna a su hermana mayor, porque quiera todo el amor maternal para él.

Si su hijo tiene alrededor de 2 años cuando nazca su primer hermano, probablemente expresará sus celos pegando al recién nacido, antes que quejándose ante usted. Por fortuna, esta conducta cambia a medida que el niño crece, y las expresiones físicas de celos son cada vez menores.

◀ *Anime a su hijo a hablar y a jugar con su hermanito, pero asegúrese de proporcionarle también a él una atención individualizada.*

▲ *Su hijo aceptará mejor al recién nacido si usted dedica tiempo ante del nacimiento a explicarle lo que va a ocurrir.*

La diferencia de edades entre sus hijos también puede influir en la intensidad de los celos que sientan. La rivalidad entre hermanos tiende a ser mayor cuando los hermanos se llevan entre 18 meses y 2 años, y menor cuando la diferencia de edades es mucho más reducida o mucho más amplia.

Si su primogénito es muy pequeño cuando nazca su segundo hijo, apenas notará la llegada del recién nacido porque estará absorto en sí mismo; y si tiene varios años, es menos probable que se sienta amenazado por la presencia de un recién nacido porque estará más seguro en sus relaciones familiares y ya habrá instaurado una rutina diaria.

## Cuando el mayor apenas anda

Es la diferencia de edades en la que surgen más problemas. A esta edad, a los niños les gusta salirse con la suya y esperan que el mundo gire a su alrededor. Desde esta perspectiva, es comprensible que el mayor se enfade con la llegada de un nuevo miembro a su familia, porque el menor necesitará mucha atención.

Si está embarazada cuando su primogénito apenas anda, debe hablarle del nuevo bebé en cuanto se le empiece a notar el embarazo, probablemente alrededor del cuarto o quinto mes. Debe explicarle que le quiere igual que siempre y que el recién nacido también le querrá. En este momento, el niño necesita confianza y conviene responder abierta y sinceramente a todas sus preguntas. Si no se queda al margen del embarazo y se le permite notar los movimientos del bebé en la barriga, sentirá que

forma parte de este importantísimo acontecimiento familiar. Anímele a que compre un regalo para el recién nacido y asegúrese de que éste tenga otro para él cuando se conozcan (si el bebé nace en el hospital, esconda el regalo en la canastilla antes de ingresar).

Recuerde que el primogénito necesita sentirse querido y apreciado, sobre todo cuando el recién nacido es el centro de atención. Por absorbente que sea la rutina de cuidar de un bebé, procure encontrar tiempo para estar a solas con su primogénito todos los días, a fin de recordarle que le ama igual que siempre.

▼ *Aunque la rivalidad entre hermanos rebrota de vez en cuando, a menudo se mitiga en cuanto los hermanos pueden compartir actividades y juegos.*

# Diferencias de sexo

Están bien documentadas las diferencias en el desarrollo entre niños y niñas, tanto físicas como psicológicas. Por ejemplo, las niñas tienden a completar las principales etapas del desarrollo antes que los niños, incluyendo andar, hablar, usar el orinal y espabilarse solas. Además, las niñas tienden a concentrarse mejor, comprenden antes instrucciones, tienen menos remilgos con la comida y aprenden a leer y a escribir antes que los niños. El reto al que usted se enfrenta es animar a sus hijos a desarrollarse como individuos, con independencia de su sexo... y la mejor manera de conseguirlo es siendo consciente de las influencias potenciales asociadas a los dos sexos.

### Posibles diferencias en hechos

He aquí otros hechos sobre las diferencias de sexo entre los 15 meses y los 3 años de edad.

• **Los niños tienden a ser más atrevidos que las niñas;** son más propensos a arriesgarse. Pero esta ligera tendencia pueden reforzarla los padres que aceptan tácitamente este tipo de conducta en los niños pero la reprimen en las niñas.

• **Las niñas aprenden antes a colaborar entre sí.** Hacia los 3 años de edad, son capaces de jugar juntas tranquilamente, mientras que los niños de esa edad es probable que se peleen en la misma situación.

• **Los padres tienden a reaccionar de modo distinto con los niños y con las niñas.** Por ejemplo, es más probable que toleren una conducta agresiva en un niño que en una niña; en la mayoría de las familias, las agresiones se rechazan inmediatamente cuando las comete una niña.

La conciencia de las diferencias de sexo está claramente definida hacia

los 15 meses. Para entonces, el pequeño ya distingue si un bebé de 1 año es niño o niña, aunque vaya vestido con ropa unisex. Por ejemplo, si su hija de esta edad se relaciona con otros niños vestidos con ropa unisex, tenderá a quedarse cerca de las niñas (y un niño mostrará preferencia por los niños de su mismo sexo), aunque probablemente no sepa por qué lo hace.

A lo largo de los siguientes 6 meses, empezará a mostrar un patrón de preferencias de sexo con los juguetes, aunque quizá influido por los padres y sus valores. Los niños de 2 años suelen jugar con juguetes asociados a su sexo (por ejemplo, a casi todos los niños les gustan los cochecitos de juguete y los juegos físicos, mientras que las niñas prefieren las muñecas y los juegos imaginativos). Y hacia el final del tercer año, la percepción del niño de las diferencias de sexo suele seguir los estereotipos sociales. Esto refuerza la teoría social del desarrollo de los sexos. Por ejemplo, la mayoría de los niños y niñas de 3 años creen que las

▲ *Las niñas a menudo parecen más cuidadosas que los niños, aunque esto puede deberse a que los padres tienden inconscientemente a disuadir a las niñas de que corran riesgos.*

niñas cocinan y limpian mejor que los niños y que éstos son mejores en las actividades de construcción.

### El origen de las diferencias de sexo

Una explicación de estas diferencias se basa en el hecho científico de que existen diferencias biológicas evidentes entre los niños y las niñas.

Por ejemplo, durante el embarazo y al nacer, los niños tienen en su organismo un nivel más alto de la hormona masculina testosterona, que se asocia a la agresividad y a una mayor actividad. Y hay quien afirma que, como las mujeres están físicamente preparadas por naturaleza para tener hijos, deben poseer un instinto que las impulsa a ser amorosas y dóciles.

▲ *La conducta aparentemente temeraria de un niño puede deberse a que sus padres animan tácitamente esta actitud.*

Estos argumentos se emplean para explicar por qué las niñas disfrutan jugando con muñecas mientras los niños a menudo prefieren actividades más arriesgadas.

La otra explicación citada de las diferencias de sexo se basa en la suposición de que estas diferencias son aprendidas: por ejemplo, a través de los tipos distintos de juguetes que a menudo se regalan a los niños (cochecitos, juegos de construcción) y a las niñas (muñecas, cocinitas),

y también por el vocabulario empleado para elogiar a cada sexo: valiente o fuerte para los niños, guapa o simpática para las niñas. Siguiendo este proceso, según los defensores de esta teoría, las opiniones de los padres refuerzan las diferencias de sexo.

No existe una respuesta clara a este debate sobre los orígenes de las diferencias de sexo. Parece razonable creer que hay un componente biológico, pero también aceptar que la influencia de los padres debe desempeñar algún papel. Estos factores independientes interactúan poderosamente para crear las opiniones generales de los niños acerca de las diferencias de sexo.

## ❖❖❖❖ Consejos ❖❖❖❖

**1. Sea consecuente.** Piense en sus propias actitudes hacia los niños y las niñas. Por ejemplo, anime a su hija cuando se muestre atrevida del mismo modo que lo haría con su hijo en la misma situación.

**2. Ponga una amplia gama de juguetes al alcance de su hijo.** Deje que elija qué juguete prefiere. No se preocupe si su hija de 2 años se interesa por juguetes que normalmente se asocian a los niños, o si su hijo quiere jugar con muñecas.

**3. No escatime afecto a sus hijos,** tanto niños como niñas. Los niños necesitan tanto como las niñas que sus padres les amen y les hagan mimos. Al margen de sus rasgos individuales de personalidad, quieren su atención, amor y muchos abrazos.

**4. Tenga confianza en su aptitud como madre o padre.** Confíe en su instinto y no se preocupe por lo que le cuenten sobre cómo deberían comportarse los niños y cómo las niñas. Ahí no hay nada obligatorio, realmente depende sólo de usted.

**5. Predique con el ejemplo.** Su actitud influye en la visión de los sexos por parte de su hijo. Por ejemplo, si ve que su comida sólo la preparan mujeres, crecerá creyendo que es una tarea exclusivamente femenina.

# Con quién dejar al niño

Para muchos padres, esta etapa de la vida de su hijo señala su propia vuelta al trabajo (a tiempo parcial o a jornada completa); a menudo se elige como la época de reanudar una carrera suspendida temporalmente para dedicarse al cuidado del bebé. Esta vuelta al trabajo es un gran paso para usted y para su hijo, e implica que decida quién cuidará de él. Es necesario pensar cuidadosamente en las opciones asequibles, ya sea una niñera, o una guardería. Sea cual sea la solución elegida, asegúrese de que les conviene tanto a usted como a su hijo y que su calidad sea indudable; de lo contrario, ambos saldrán perdiendo.

**La opción correcta**

Algunos padres tienen la suerte de contar con un pariente de confianza que vive lo bastante cerca para cuidar de sus hijos cuando ellos van a trabajar. En los casos en que esto no es posible, una de las opciones más populares para el cuidado de los hijos son las niñeras o los canguros, que atienden al niño en el hogar. También existen diversos tipos de guarderías en las que varios cuidadores se ocupan de los niños en instalaciones independientes.

Al seleccionar a alguien para que cuide a sus hijos mientras usted trabaja, hay que tener en cuenta varios criterios:

• **Cualificación en cuidado de niños y educación.** Las cualificaciones por sí solas no son garantía de calidad en la atención, pero al menos demuestran la seriedad con que el cuidador se toma su trabajo, sus conocimientos sobre el desarrollo y la educación infantil y su capacidad de pensar en aspectos relacionados con el cuidado de los niños pequeños.

• **Experiencia previa.** Como con las cualificaciones, la experiencia previa por sí sola no garantiza la calidad. No obstante, usted probablemente se sentirá mejor sabiendo que su hijo está siendo vigilado por alguien acostumbrado a tratar con niños de esa edad.

• **Referencias de otros padres.** No deje a su hijo con alguien incapaz de presentar referencias de otros padres. Una carta de recomendación puede bastar, pero es mejor tener ocasión de hablar con al menos dos parejas para las que haya trabajado con anterioridad.

• **Homologación.** Si existe el requisito reglamentario de que todos los cuidadores de niños deban cumplir las normas de un programa de homologación que supervisa los niveles de adecuación y seguridad, compruebe que el cuidador que usted se plantea contratar está debidamente homologado. Esto no garantiza por

◀ *Al seleccionar quién cuidará de sus hijos, hable con otros padres que hayan vuelto a trabajar para que le ayuden a valorar las distintas opciones.*

sí solo la calidad de los cuidados, pero debería asegurar unos mínimos.

Las dificultades a las que se enfrenta son: primero, quizá esté bajo presión para tomar una decisión apresurada porque le espera su trabajo, y segundo, los cuidadores

a los que consulte quizá tengan ya un compromiso con otros padres. Aun así, usted no debería actuar impulsivamente o rebajando sus expectativas con el fin de tomar una decisión rápida. Su hijo es una parte preciosa de su vida y merece el mejor cuidado posible mientras usted está ausente. Verifique las opciones concienzudamente, antes de decidirse por una solución u otra.

### La decisión

Una vez valorados los factores anteriores y conocido al cuidador potencial, hágase estas preguntas:

• **¿Confío en este cuidador?** Lo cierto es que, si usted no se siente a gusto en compañía del cuidador, es poco probable que su hijo se sienta mejor. Confíe en su reacción instintiva hacia esa persona.

• **Si yo fuera un niño, ¿querría pasar tiempo en compañía de esta persona?** Intente verlo desde el punto de vista de su hijo e imagine cómo sería para él pasar tiempo con ella regularmente.

• **¿La visión del cuidador sobre los niños coincide con la mía?** Recuerde que usted es la madre o el padre del niño a jornada completa. Es razonable pensar que quiera un cuidador que piense como usted sobre las mejores maneras de estimular a los niños y sobre asuntos como la elección de los alimentos, la seguridad y la disciplina.

• **¿Qué ofrece el cuidador a mi hijo?** Todo cuidador eficaz debe tener una idea clara acerca del tipo de actividades estimulantes que pretende ofrecer a los niños que tendrá a su cuidado, y debería ser capaz de describirlas fácilmente.

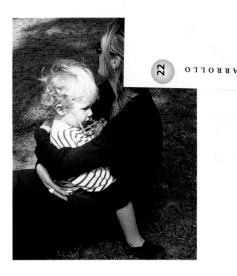

▲ *Hable con su hijo sobre lo que ha hecho mientras usted trabajaba; él disfrutará contándole su día.*

• **¿Cómo contacta el cuidador con los padres?** Usted necesitará saber lo que ocurre durante el tiempo que su hijo pasa con el cuidador. Asegúrese de encontrar tiempo suficiente para hablar sobre los progresos de su hijo y tratar cualquier problema.

• **¿Qué tipo de vida social le ofrecerá el cuidador?** Su hijo necesita una vida social rica, llena de oportunidades de relacionarse con otros niños de su edad. Pregunte cómo lo organizará el cuidador y déle información sobre el barrio para que pueda salir a pasear con su hijo.

Una vez conforme con estos puntos –y suponiendo que el horario, el domicilio y el coste le convengan–, selle el compromiso. Enfocando meticulosamente la selección, podrá volver al trabajo sabiendo que su hijo está en buenas manos.

# omunicación no verbal del niño

Aunque el lenguaje oral de su hijo se desarrolla considerablemente durante su segundo y tercer años de vida –y se convierte progresivamente en su medio de comunicación preferido–, también sigue utilizando el lenguaje corporal para expresar sus ideas y sentimientos. Ambas formas de comunicación van de la mano. Por ejemplo, su hijo transmite sus sensaciones a través de la expresión facial, el ritmo de la respiración, la postura corporal y los movimientos de brazos y piernas. Cuanto mejor comprenda usted su lenguaje corporal en esta etapa, más estrecha será la relación emocional entre ambos. Además de sintonizar con la comunicación no verbal de su hijo, es mucho lo que usted puede hacer para animarle a utilizarla más eficazmente.

## Dimensiones de la comunicación no verbal de su hijo

Las principales características del lenguaje corporal entre los 15 meses y los 3 años de edad son:

• **Llanto.** Ésta sigue siendo la forma más natural para su hijo de expresar que no está contento. No necesita pronunciar una sola palabra: sus lágrimas de aflicción indican que se siente mal, sufre molestias o está enfadado.

• **Expresión facial.** Su hijo puede transmitir una gama completa de emociones simplemente variando la expresión de su rostro. Sólo con ver su aspecto se puede saber si está, por ejemplo, contento, triste, asustado, incómodo, dolorido o enfadado.

• **Movimientos de brazos y manos.** Cuando esté relajado y satisfecho, probablemente tendrá las manos abiertas y extendidas a los lados, con los dedos bien separados. Sin embargo, los puños crispados, por ejemplo, indican que está tenso o furioso por algo.

• **Movimientos de piernas y pies.** Ahora que tiene una movilidad total, ya puede alejarse de una situación que le desagrada. Balancear las piernas mientras está sentado en una silla puede significar que se lo pasa bien o que está aburrido.

• **Postura corporal.** Cuando su hijo se ponga en pie o se siente con los hombros caídos y la cabeza gacha, probablemente esté preocupado, aunque no haya dicho una palabra sobre el motivo de su preocupación. Los hombros erguidos y la cabeza alta son signos de confianza en sí mismo.

• **Contacto físico.** Si se acurruca contra usted en busca de calor y mimos, le está indicando inmediatamente que se siente cómodo a su lado y que le gusta estar en su compañía. Le dice justo lo contrario cuando forcejea furiosamente en sus brazos.

▼ *Con casi 2 años, la animada expresión de este niño muestra que está muy enfrascado en un interesante juego con sus dinosaurios.*

• **Respiración.** Los cambios en el ritmo respiratorio de su hijo también son una pista de su estado de ánimo: por ejemplo, respirar rápidamente podría ser un signo de que está ansioso, y una respiración lenta y regular probablemente signifique que se siente bien en ese momento.

Es importante reaccionar al lenguaje corporal del hijo y además a las palabras que dice. La comunicación

*◀ Este niño de 18 meses se siente un poco inseguro y busca confianza y seguridad abrazando su osito de peluche.*

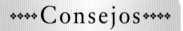

## ✦✦✦✦ Consejos ✦✦✦✦

**1. Conózcale bien.** Acabará conociendo antes el sentido oculto del lenguaje corporal de su hijo si le observa en distintos ambientes. Aprenderá algo nuevo cada vez que le mire.

**2. Busque las similitudes.** Es muy probable que su hijo utilice algunos de los gestos no verbales de usted y de su pareja; intente identificarlos. Así dispondrá de un punto de partida para sus interpretaciones.

**3. Utilice gestos usted también.** Es una manera de adivinar el significado de la comunicación no verbal de su hijo. Respire como él, rásquese la cabeza como él. ¿Qué siente cuando lo hace?

**4. No se ande con rodeos.** Cuando confíe en que sabe lo que le indica el lenguaje corporal de su hijo, dígale lo que cree. Si lo ha interpretado mal, no se preocupe; y si ha acertado, su hijo estará encantado con usted.

**5. Insista.** Para comprender el lenguaje corporal de un niño hace falta tiempo, y la experiencia contribuye a hacerlo mejor. Es cuestión de practicar hasta descubrir que puede interpretar realmente lo que transmiten los mensajes no verbales de su hijo.

no verbal suele darse de modo espontáneo y es menos controlada, por lo que constituye un buen indicador de las emociones auténticas, más fiable que la comunicación oral. Cuando descubra que ha interpretado y reaccionado correctamente al lenguaje corporal de su hijo –por ejemplo, estaba mucho más contento después de que usted le abrazara, aunque no se había quejado de nada–, tendrá más confianza en su capacidad de responder a las necesidades de su hijo. También aumentará la confianza del pequeño en usted como madre o padre atentos y amorosos.

No olvide que el mismo gesto puede tener varios significados en contextos distintos. Por ejemplo, estampar un juguete contra la pared puede indicar toda una gama de posibilidades, como excitación de placer, el inicio de una rabieta o incluso simple aburrimiento. Busque grupos de gestos que

impliquen una combinación de expresiones faciales y movimientos de brazos, piernas y cuerpo.

### Ampliar el lenguaje corporal

El lenguaje corporal de su hijo se hace más variado durante sus segundo y tercer años de vida por varias razones. Primera, su coordinación oculomanual y motriz es más fina, lo que le permite realizar una variedad más amplia de movimientos y gestos precisos. Segunda, la intensidad y la variedad de sus emociones aumentan y él descubre instintivamente más maneras de comunicárselo a usted de modo no verbal. Tercera, aprende nuevos gestos y otras formas de lenguaje corporal observando a los adultos e interactuando con otros niños de su edad. Por estas razones, es necesario prestar atención a su lenguaje corporal a medida que crece, con el fin de sintonizar con los cambios.

# Rabietas

Las rabietas son comunes entre los 15 meses y los 3 años de edad; los estudios confirman que ésta es la época cumbre de tales estallidos incontrolados. Su hijo crece y de pronto es incapaz de esperar por nada, tolerar ningún grado de frustración o escuchar la palabra «no» sin explotar de rabia o romper a llorar y/o gritar. Aunque es una fase del desarrollo normal, cuando no universal, necesita la ayuda de los adultos para conseguir dominar su genio.

### Control

Su hijo puede perder los estribos sin previo aviso por muchas razones, por ejemplo:

- **Usted le pide que deje de jugar para ordenar su habitación,** pero él quiere seguir jugando.
- **Usted le pide que no toque los estantes del supermercado,** pero él quiere tocar todo lo que ve.
- **Él quiere sentarse en su regazo,** pero usted está preparando la comida para toda la familia.
- **Él quiere que las piezas del puzzle encajen,** pero no casan por mucho que lo intente.

Todas las causas tienen algo en común: son situaciones en las que su hijo no obtiene lo que quiere. No es que se porte mal, antes bien, sus frecuentes rabietas reflejan su intenso deseo de ser independiente y capaz de seguir sus propias inclinaciones sin obstáculos en su camino y alcanzar cualquier meta que se proponga. Por añadidura, él ve el mundo sólo desde su punto de vista y aún no se ha desarrollado hasta el punto de comprender que cada cual ve las cosas a su modo. A lo largo del tiempo, la mayoría de los niños propensos a las rabietas aprenden a controlar su genio progresivamente y se vuelven más sensibles a las necesidades de los demás.

A veces un niño tiene una rabieta que le corta la respiración, está tan furioso que involuntariamente contiene el aliento hasta que pierde el conocimiento o sus padres le obligan a volver a respirar. Su hijo no se hará daño durante este tipo de rabietas, aunque sea aterrador presenciarlas.

Sin embargo, a veces el niño se hace daño sin querer durante una rabieta cuando, por pura frustración, se tira

◀ *Los padres distinguen a menudo por la expresión del niño si es una rabieta inminente; unas veces es posible neutralizar la situación, otras no.*

al suelo o se da de cabezazos contra la pared o contra la mesa. Asegúrese de vigilar de cerca a su hijo cuando se enfurezca para evitar tales lesiones.

## Imponga límites

Irónicamente, la mejor ayuda que puede ofrecer a su hijo cuando se salta los límites que usted le ha impuesto y se enfurece con usted, esperando obligarle así a cambiar de opinión,

## ◆◆◆◆ Consejos ◆◆◆◆

**1. Prevenga las rabietas, si es posible.** Probablemente usted ya conoce a su hijo lo suficiente como para detectar las señales de aviso, como el rostro encendido, gemidos quedos o irritabilidad. Si ve algún indicio de rabieta, desvíe la atención del niño hacia otra actividad.

**2. Conserve la calma.** Es poco probable que su hijo recupere el control si usted le grita. A pesar de su furia –y quizás incluso le pegue durante una rabieta–, no pierda los estribos usted también. Conservando la calma, ayudará a su hijo a tranquilizarse.

**3. Déle seguridad.** Mientras dure la rabieta, háblele suavemente, diciéndole que todo irá bien. Quizá descubra que darle un fuerte abrazo cuando sufre una rabieta tiene un efecto balsámico sobre él.

**4. Hable con él después.** Cuando la pataleta haya pasado y los ánimos se hayan enfriado, comente la conducta de su hijo con él. Explíquele por qué sus actos son inaceptables y asegúrele que no le hará caso cuando se porte así.

**5. Confíe en usted.** Recuerde que las rabietas no estallan por su culpa, sino que son fruto de este grado concreto de desarrollo emocional. No se sienta culpable, simplemente haga lo que pueda para serenar a su hijo con calma, firmeza y coherencia.

es mantenerse firme. Puede ayudarle a controlar sus emociones negativas ateniéndose a su decisión. Su hijo necesita una vida estructurada y coherente, y depende de usted proporcionársela en casa. Si primero dice que no pero luego cede a causa de su rabieta, el pequeño aprenderá que un «no» puede convertirse en un «sí» si insiste lo suficiente. Y antes de que usted se dé cuenta, tendrá que tratar con más berrinches que antes.

Intente no enfadarse con su hijo cuando pierda los estribos o cuando

*▲ Aunque no debe ceder a sus exigencias, si usted no se aleja y le tranquiliza, su hijo recuperará el control sobre sí mismo con más facilidad.*

empiece a mostrar su frustración, ya que así sólo empeorará las cosas. Tranquilícele y explíquele por qué no puede salirse con la suya en esta ocasión (tanto si le escucha como si no). Si está enfadado porque no le sale bien un juego o un puzzle, por ejemplo, enséñele a conseguirlo descomponiendo la tarea en pequeños pasos más asequibles. Así aprenderá a controlar sus emociones de una manera más eficaz.

*◀ A la edad de 2 años, el menor percance basta para provocar frustración y, en algunos casos, lágrimas.*

# Hábitos alimentarios

La mayoría de los niños de entre 2 y 3 años rechazan ciertas comidas, para desesperación de sus padres. Y lo más probable es que el suyo no sea ninguna excepción. Los remilgos con la comida pueden significar simplemente que a su hija de 15 meses no le gusta un alimento concreto, o que su hijo de 2 años tiene poco apetito, o que al de 3 años le gusta «marear» la comida en el plato interminablemente. En cualquier caso, un niño suele afirmar su independencia en la elección de los alimentos a partir de los 15 meses. Aunque los remilgos con la comida constituyen a menudo una fase transitoria en la vida de un niño, también pueden convertirse en una característica duradera. Recuerde que la pérdida de apetito repentina en un niño que hasta entonces comía bien puede indicar un problema de salud, en especial si presenta además otros síntomas. En esos casos, hay que consultar al médico.

## Cómo tratar los remilgos con la comida

Es un punto clave que debe tener presente al abordar los hábitos alimentarios de su hijo: no puede obligarle a comer. Por mucho que usted le presione, él tiene que elegir su comida. Por eso, en este campo no funcionan los métodos coactivos; hay que conseguir que el niño colabore.

Incluso antes de que usted se plantee estrategias para fomentar mejores hábitos alimentarios, piense en la comida desde el punto de vista de su hijo. No olvide que, cuando usted se sienta a la mesa para comer, espera que los alimentos tengan un aspecto apetitoso, huelan bien y estén a la temperatura adecuada; a su hijo le sucede lo mismo. Plantéese la posibilidad de que su hijo rechace ciertas comidas porque:

▼ *Comer con el resto de la familia es una experiencia social para un niño y puede desviar su atención de lo que come.*

- **Es demasiado grasa.**
Un plato con mucha grasa puede provocarle náuseas a su hijo; otras texturas, como la de la carne fibrosa, pueden tener el mismo efecto.
- **Los cubiertos no son de su tamaño.**
Las manos pequeñas

no abarcan mucho, lo que significa que los cubiertos adecuados para las manos de un adulto son demasiado grandes para un niño y no le ayudan a comer bien.

• **La ración es demasiado grande.** Los padres aumentan a menudo la ración que dan a sus hijos cuando tienen poco apetito. Las raciones pequeñas son menos intimidadoras.

• **No llega a la comida.** Su silla puede ser muy baja y quizá necesite un cojín. Asegúrese de que su hijo se sienta de un modo que le permita llegar cómoda y fácilmente al plato.

• **La comida está demasiado caliente.** La temperatura influye en el aspecto de los alimentos. Su hijo quizá prefiera que su plato no esté ni frío ni caliente, sino a una temperatura intermedia agradable.

• **No le gusta el sabor.** Un niño tiene todo el derecho del mundo a que no le guste un determinado alimento, y sus preferencias pueden no coincidir con las de sus padres.

No amenace a su hijo cuando no se acabe toda la comida. Las discusiones provocan tensiones y ansiedad y éstas podrían reducir aún más el apetito del pequeño. A muchos padres les preocupa que su hijo coma mal por miedo a que luego le falten nutrientes esenciales, pero eso raramente sucede. Un rápido examen médico básico por parte del pediatra seguro que les tranquilizará.

**La comida en familia**
Recuerde que comer es una experiencia social, no sólo se trata de que su hijo satisfaga sus necesidades dietéticas. Los distintos horarios de los miembros de la familia quizá provoquen que el niño coma solo, sin esperar a nadie. Sin embargo, comer con la familia es una experiencia con la que los niños disfrutan. Lo cierto es que la hora de comer puede ser agotadora –y probablemente también más ruidosa–, pero el niño aprenderá de los hábitos alimentarios de otras personas y se divertirá más que comiendo solo.

Otro problema que puede surgir si su hijo come solo es que se aburra. Es sociable por naturaleza y le gusta estar en contacto con otros miembros de la familia. No se le puede reprochar, por ejemplo, que quiera dejar de comer y levantarse de la mesa para jugar solo si no tiene a nadie con quien hablar mientras come. Por eso debería usted sentarse con él a la hora de comer, al menos un rato. Es más probable que se acabe el plato si usted está cerca.

▼ *A los niños les gusta ayudar a cocinar y es más que probable que su hijo quiera comer algo si lo ha preparado él.*

# Aprender a usar el orinal

Una de las habilidades más significativas que su hijo adquiere entre los 15 meses y los 3 años de edad es la capacidad de controlar su vejiga y sus intestinos. Aprender a usar el orinal es un hito en su desarrollo que le proporcionará independencia y fomentará la confianza en sí mismo. Sin embargo, esta habilidad no siempre se aprende como estaba previsto, lo cual puede crear frustración y rabia tanto en el niño como en los padres. Cuando esto ocurre, los progresos se frenan considerablemente o incluso se detienen en seco. Si usted adopta una actitud relajada y evita las discusiones, su hijo adquirirá progresivamente el control de la vejiga y los intestinos y a usted le encantará esta nueva fase de su desarrollo.

**Piense en ello**

No caiga en la tentación de empezar a enseñarle a su hijo a usar el orinal antes de que esté preparado. Lo cierto es que los sistemas muscular y nervioso de un niño no maduran lo suficiente para controlar sus intestinos y su vejiga hasta que tiene por lo menos 15 o 16 meses, y normalmente es mejor esperar hasta alrededor de los 20 meses. Los estudios confirman que los niños suelen tardar más que las niñas en adquirir este control, aunque nadie sabe con certeza por qué se da esta diferencia entre sexos.

Si empieza enseñarle a usar el orinal antes de que esté preparado, quizá acabe entrando en conflicto con él; a usted le frustrará su falta de éxito y la autoestima del pequeño disminuirá por la misma razón. Aprender a usar el orinal es más eficaz cuando existe una camaradería entre usted y su hijo.

▶ *No se preocupe si su hijo sigue necesitando pañales por las noches durante mucho tiempo después de aprender a usar el orinal de día.*

Hay signos básicos que indican de que ha llegado el momento de iniciar a un niño en el uso del orinal. Quizá avise de que necesita un pañal limpio porque sabe que el que lleva está mojado o sucio, o haga saber a sus padres el momento en que empieza a mojarlo. Otro posible signo de que está preparado es descubrir que el pañal está seco al quitárselo para cambiarlo después de varias horas.

Cualquiera de estos rasgos sugiere que probablemente es hora de empezar a enseñarle nociones de aseo personal. Si no ha detectado en él estos signos a los 2 años, empiece a fomentar sus hábitos de higiene igualmente.

### Tómese su tiempo

Tome la decisión de relajarse con el tiempo que su hijo necesita para aprender a usar el orinal. Es cierto que algunos niños adquieren el control al cabo de una semana del inicio del aprendizaje, pero otros necesitan varios meses para dominar esta habilidad. Acepte que el suyo necesitará varias semanas... y si aprende antes, considérelo un éxito. Prepárese para los estropicios durante el aprendizaje. Un niño que aprende a controlar los intestinos y la vejiga puede mojar o ensuciar la alfombra de vez en cuando. Esto forma parte del proceso de aprendizaje, así que dispóngase a aceptarlo.

▲ *Si espera hasta que crea que su hijo está preparado y elige un momento relajado para usted, aprender a usar el orinal puede ser una cuestión de pocas semanas.*

La primera etapa es dejar que su hijo se familiarice con el orinal, sin presionarle para que lo utilice. Déjele jugar con él hasta que se acostumbre a este nuevo utensilio. Después puede empezar a convencerle para que se siente en él sin llevar pañal, quizá tres o cuatro veces al día. Al niño quizá le parezca difícil porque sin pañal se siente vulnerable y expuesto. Tranquilícele y descubrirá que se acostumbra progresivamente al hábito.

Si lo hace así con frecuencia, tarde o temprano orinará o defecará en el orinal. Y ése es el momento de dedicarle muchos elogios. (Pero tenga en cuenta que a algunos niños les desagrada al principio lo que han depositado en el orinal; necesitan que les convenzan de que no han hecho nada malo.) Hágale ver que le encantan sus progresos. Es razonable pensar que, cuanto más se siente en el orinal, mejor le irá con él. En cuanto empiece a enseñarle a usarlo, persevere con calma por mucho que tarde. Su hijo sigue creciendo y llegará a ese punto cuando esté preparado, a su propio ritmo. Recuerde que el control de la vejiga por la noche suele tardar más en adquirirse. La mayoría de los niños no están preparados para dormir sin pañal hasta los 3 años.

## ✦✦✦✦ Consejos ✦✦✦✦

**1. Sea optimista.** Recuerde que aproximadamente el 90 por ciento de los niños consiguen adquirir el control de sus intestinos y vejiga durante el día hacia los 3 años, y alrededor del 75 por ciento también se controla de noche en el transcurso de esta etapa.

**2. Elija la posición correcta.** Cuando usan el orinal, las niñas siempre se sientan. Pero los niños pueden elegir cuando orinan: sentados o de pie. Elija la posición que considere más adecuada para su hijo varón.

**3. Procure que sea divertido.** Deje que su hijo hojee un libro de cuentos mientras se sienta en el orinal, o cántele una canción. Si se levanta antes de tiempo, ofrézcale algo que le llame la atención para que siga sentado.

**4. Siéntele en el orinal en los momentos clave.** La experiencia cambiándole los pañales le habrá enseñado cuándo es más probable que esté mojado o sucio. Ésos son los mejores momentos para sentarle en el orinal, porque el éxito es más probable.

**5. Compre bragas impermeables.** Cuando su hijo tenga cierto control sobre la vejiga y los intestinos, cambie de pañales a bragas impermeables. Por descontado, seguirán habiendo «accidentes» en su aseo personal, pero limítese a limpiarle sin alterarse.

# Hora de acostarse y dormir

Su hijo juega un papel más activo que antes en su rutina de acostarse, ahora que es mayor, más independiente y capaz de tomar decisiones. Tiene sus juguetes favoritos que le hacen compañía y su manera establecida de prepararse para dormir. Disfruta escogiendo su pijama y quizá incluso las mantas. Necesita un patrón de sueño estable en esta etapa de su vida: si no descansa con regularidad por las noches, estará cansado y se mostrará rebelde, exigente y malhumorado al día siguiente. Quizá necesite ayuda para desarrollar buenos hábitos a la hora de acostarse porque prefiere seguir en compañía de los adultos.

### Dormir bien

Los niños necesitan una media de 10 horas de sueño por la noche, pero existe una considerable variabilidad entre individuos. Usted puede ayudar a su hijo a prepararse para acostarse haciéndole participar específicamente en actividades sosegadas al menos 20 minutos antes de que empiece su rutina habitual de irse a dormir. Se aconseja seguir un ritual predecible antes de dormir; puede consistir en bañarse, ponerse el pijama, cepillarse los dientes y acostarse mientras usted le lee un cuento. En cuanto este patrón esté firmemente impreso en su mente, al primer paso sabrá que la hora de acostarse se acerca.

Si es posible, procure que su hijo se acueste cada noche a la misma hora. Así se acostumbrará a un patrón de sueño fijo, física y psicológicamente. Por supuesto, algunas noches esta hora cambiará, pero no pasa nada.

▶ *Si su hijo se despierta por la noche, es importante volverle a acostar con el mínimo alboroto posible; con el tiempo aprenderá que la noche es para dormir.*

En cuanto le haya arropado, léale un cuento corto en voz baja para que se relaje. Después, déle un abrazo y un beso y salga de la habitación.

### Despertarse por la noche

Los estudios confirman que al menos el 15 por ciento de los niños de alrededor de 18 meses siguen

despertándose con frecuencia por la noche.

Su hijo tiene buenas razones para despertarse y exigir compañía por las noches, quizá porque ha tenido una pesadilla, que podía deberse a un alimento concreto o a un cuento o vídeo angustioso. Cuando se despierte llorando, consuélele y tranquilícele hasta que se relaje. Descubrirá que la presencia de un adulto le ayuda a volverse a dormir antes. No hay que confundir los terrores nocturnos con las pesadillas. Un niño que experimenta terrores nocturnos puede tener los ojos abiertos de par en par mientras se sienta en la cama gritando, totalmente convencido de que el origen de sus miedos está justo delante de él. Calme a su hijo como lo haría si tuviera una pesadilla. Por fortuna, los terrores nocturnos son raros en los niños de estas edades.

Aun así, es posible que su hijo adquiera progresivamente el hábito de despertarse a media noche... y antes de que usted lo advierta, se despertará dos o tres veces cada noche sin falta. Para desalentar este hábito, mantenga a su hijo en su cama cuando se despierte por la noche. Naturalmente, usted debe acudir cuando grite o le llame, pero intente evitar que el niño salga de la habitación. Si insiste en levantarse, por ejemplo para ir al lavabo, vuélvale a acostar lo antes posible. Dígale que pronto se dormirá y luego salga de la habitación. No regrese de una manera inmediata si él vuelve a llamar, espere unos minutos antes de responder.

▲ *Si usted adopta una actitud calmada y firme, incluso un niño que se despierta habitualmente acabará aprendiendo a dormir toda la noche de un tirón.*

No cabe duda de que si su hijo sigue despertándose de noche y usted toma la decisión de sacarle del dormitorio para que beba o coma algo, o quizá para jugar con él, probablemente se despertará a la misma hora a la noche siguiente. Después de todo, desde su punto de vista, despertarse de noche es muy divertido: hay comida, juegos y mucha atención por parte de sus padres. Pero usted debe atenerse a su plan de acción original. Si lo hace, descubrirá que lo de despertarse por las noches queda relegado al pasado.

Si su hijo se despierta temprano por la mañana, anímele a jugar solo, en lugar de reclamar su atención. Deje un montón de juguetes y libros en la cuna o al lado de la cama, para que se distraiga hasta que usted se levante.

# La timidez

Quizá se sorprenda al ver que su hijo, por lo general extrovertido, se vuelve tímido cuando se encuentra con otro niño o un adulto desconocidos. De pronto deja de hablar, se ruboriza y trata de esconderse detrás de usted. Lo que provoca esta timidez es simplemente una falta de confianza en situaciones sociales, la conmoción de ver un rostro desconocido o de ser el centro de atención. En cuanto se aleja de esa situación, su timidez desaparece y vuelve a ser el mismo de siempre. A esta edad, los niños tienden a ser más tímidos que las niñas (aunque esta tendencia se invierte en cuanto empiezan a ir al colegio).

### La timidez cambia

El modo como los niños experimentan la timidez cambia a medida que crecen. A los 15 meses, su hijo probablemente se aferre a usted en presencia de un desconocido. Incluso cuando, al cabo de 3 o 4 meses, su confianza haya aumentado y se lance de cabeza casi a todas partes, muy satisfecho de sí mismo y sin ninguna preocupación, de pronto puede convertirse en un niño tímido e inseguro si se encuentra ante un rostro poco familiar.

A medida que su confianza aumente progresivamente, más o menos en los 6 meses siguientes, ya no se aturullará tan fácilmente por timidez. Por supuesto, quizá siga siendo tímido en presencia de personas a las que no conoce, pero la reacción de pánico que experimentaba cuando era más pequeño ya no será evidente. Ahora supera la timidez reaccionando de una manera más neutral y controlada que antes; es más probable que reaccione guardando silencio, antes que intentando esconderse.

◀▶ *Mientras la niña de la derecha está felizmente absorta en su dibujo, la expresión abatida de la niña de la izquierda demuestra que no se encuentra a gusto.*

Hacia los 3 años, ha conocido a tantos niños y adultos que reaccionará ante los desconocidos, y a veces iniciará una conversación o interacción social con ellos. Aun así, algunas veces sufrirá una regresión al comportamiento tímido de un año o dos antes.

Preste atención a los signos de timidez, porque quizá no sean evidentes a primera vista. Cuando su hijo se muestre tímido, quizá se calle de pronto

y le cueste establecer contacto visual con quienes le rodean; por ejemplo, puede quedarse mirando fijamente sus pies. Puede azorarse y ruborizarse, e incluso experimentar dificultades para tragar. Puede quedarse paralizado, incapaz de seguirle el paso, o puede forcejear para alejarse.

La manera de mostrarse tímido de su hijo dependerá de su personalidad, y usted aprenderá pronto a reconocer los signos en su caso.

### Causas de timidez

Algunos psicólogos afirman que cierta tendencia a la timidez se hereda de los padres, y existen pruebas que corroboran esta opinión. Por ejemplo, el grado de timidez de dos gemelos idénticos (cuya estructura genética es casi exacta) es más parecido que en el caso de gemelos no idénticos (cuya estructura genética no se parece más que la de dos hermanos no gemelos).

Otros psicólogos aseguran que en la timidez influyen la experiencia, la educación y el contexto. Por ejemplo, los padres tímidos tienden a tener hijos tímidos, quizá porque el modelo de conducta social que se vive en casa –que los niños emulan de forma natural– es de timidez, y por eso tienen más probabilidades de ser tímidos a su vez. Un estudio confirmó que la probabilidad de que los niños sean tímidos es mayor en un entorno que valora la competitividad y los logros que en otro que valore a un niño por sus cualidades como persona, y esto sugiere que el contexto social incide en la timidez. Y los niños que viven en hogares que reciben muchas visitas quizá sean menos tímidos que los de hogares donde las caras nuevas son una excepción. Estos descubrimientos desafían la teoría de que la timidez tiene un origen principalmente genético.

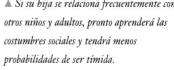

▲ *Si su hija se relaciona frecuentemente con otros niños y adultos, pronto aprenderá las costumbres sociales y tendrá menos probabilidades de ser tímida.*

### Apoyo

Para un niño, conocer a otros niños y adultos puede ser casi insoportable. Recuerde que sus sentimientos son muy reales y que no se comporta así por decisión propia. Por eso es muy importante no tomárselo a broma, con la esperanza de engatusarle y distraerle de su timidez; por lo que a él respecta, es un asunto muy serio. Y la idea de que usted le «mortifique» le hace sentirse aún peor. Necesita el apoyo emocional de sus padres para sentirse seguro. Durante un ataque de timidez, un simple gesto de ánimo por su parte –como una palabra de estímulo o una caricia tranquilizadora– puede bastar para aumentar su confianza hasta el punto de sobreponerse a sus sentimientos.

---

#### ✦✦✦✦ Consejos ✦✦✦✦

**1. No deje que esquive las situaciones sociales.** Su hijo tímido puede dedicar todo su empeño a que usted crea, por ejemplo, que no puede ir a la guardería porque es incapaz de enfrentarse a los otros niños. Persuádale igualmente para que vaya.

**2. Recuérdele sus puntos fuertes.** Un niño tímido a menudo está convencido de que no gustará a los demás niños. Insista particularmente en que sí gustará porque, por ejemplo, es divertido estar con él.

**3. Propóngale hacer algo.** Quizá no se le ocurra nada que decir o hacer cuando conozca a otras personas. Sugiérale ideas para romper el hielo, como decir su nombre a los demás niños o invitarles a jugar con él.

**4. Enséñele el lenguaje corporal.** Muestre a su hijo cómo comportarse, aunque se sienta cohibido. Demuéstrele cómo establecer contacto visual, mantener la cabeza alta y no manotear nerviosamente.

**5. Proporciónele experiencias sociales.** Cuanto más se relacione su hijo con otros niños de su edad, mayor será la confianza que desarrolle en sociedad y menor la probabilidad de que sea tímido cuando conozca a otros niños o adultos.

# La confianza

La confianza de su hijo en sí mismo sigue aumentando durante esta etapa de su vida, a medida que aprende nuevas habilidades día a día. Quizá sea pequeño, pero ya tiene una noción de sí mismo y de lo que puede o no hacer. Sus logros afectan a su confianza: por ejemplo, cuando a los 15 meses consigue abrir la tapa de una cajita y vaciar su contenido en el suelo, o cuando a los 3 años salta de un escalón y aterriza de pie sin caerse. Las reacciones de los demás hacia él también influyen en la medida de su confianza.

## Componentes de la confianza

La confianza en sí mismo tiene un efecto significativo en el desarrollo de su hijo porque influye en su deseo de conseguir cosas y en su relación con los demás. En la confianza de un niño hay que tener en cuenta tres aspectos:

• **Autoconvicción.** Es la medida en que el niño cree que puede hacer frente a los desafíos que se le presentan. Un niño con poca autoconvicción ni siquiera intentará

adquirir una habilidad nueva porque cree que le resultará demasiado difícil; en consecuencia, preferirá evitar la actividad a correr el riesgo de fracasar.

• **Autoestima.** Es la medida en que el niño se valora a sí mismo. Y esto se manifiesta en numerosos ejemplos cotidianos. Observe a su hijo cuando intente aprender a hacer algo; cuando lo consiga, probablemente se volverá hacia usted y le dedicará una enorme sonrisa. Un niño con una baja autoestima no se impresionará por sus propios logros.

• **Autoimagen.** Es la medida en que el niño recibe mensajes positivos de las personas que le rodean. Cuando usted le dice lo mucho que le quiere y le da un abrazo porque, por ejemplo, ha conseguido subir más alto en la escalera del tobogán, le está ofreciendo una imagen de sí mismo positiva que le hace sentirse bien.

Un niño con baja confianza en sí mismo disfruta menos de la vida,

◀ *Un niño con confianza será positivo y feliz, pero seguirá siendo importante reforzarla con elogios y estímulos.*

prefiere adoptar un papel más pasivo y quizá tenga dificultades para dar y recibir amor de otras personas. Considera los desafíos y las aventuras más amenazadores que emocionantes y por ello es reacio a descubrir y a aprender.

## Determinación

Los estudios psicológicos sugieren que un niño de esta edad suele tener una firme determinación y quiere alcanzar sus metas. Desea explorar y correr aventuras por nuevos territorios, convencido de que no puede existir un reto que esté fuera de su alcance. Es casi como si tuviera un sentido positivo innato de la autoconvicción.

Este sentimiento se extiende a la mayoría de los aspectos de su vida. Por ejemplo, su hijo realiza valientes intentos de subir las escaleras de casa; antes de lograrlo, finalmente, quiere correr mucho antes de mantenerse en pie con la firmeza suficiente para conseguirlo sin riesgo y procura comunicarse con usted aunque apenas haya empezado a utilizar palabras sueltas. Dicho de otro modo, confía lo suficiente en sí mismo para intentar cualquier empeño.

Sin embargo, la experiencia deteriora a menudo esa fe en sí mismo. La posible comprensión súbita de que, por ejemplo, no puede introducir de un modo correcto las figuras

▲ *La postura relajada de esta niña y su paso confiado demuestran su autoconvicción cuando prueba un nuevo juego del parque.*

## ••••Consejos••••

**1. Mantenga contacto físico cariñoso.** Un cálido y amoroso abrazo es una manera fundamental de decirle a su hijo que le quiere y que cree que es maravilloso. Este tipo de contacto con usted estimula su autoconvicción.

**2. Déle seguridad.** Si estalla de frustración porque, por ejemplo, no consigue completar el puzzle, intente calmarle. Asegúrele que pronto lo dominará y luego, por esta vez, resuelva el puzzle con él.

**3. Descomponga los retos en pequeños pasos.** Su hijo quiere hacerlo todo, aunque la tarea esté por encima de sus posibilidades. Ayúdele a completar una actividad nueva por etapas, cada una un logro independiente. Por ejemplo, anímele a correr unos pasos al principio, antes de intentar cruzar la habitación a la carrera.

**4. Comunique a su hijo lo que siente por él.** Sus elogios y ánimos tienen un efecto muy positivo en su confianza en sí mismo. Valora la intención del adulto y se sentirá orgulloso cuando usted le comente sus logros. Nunca se cansará de los halagos.

**5. Evite las trampas obvias.** No sirve de nada dejar deliberadamente que su hijo aprenda fracasando. Si usted sabe que se encamina a una decepción, desvíele de esa actividad antes de que se implique demasiado.

geométricas en sus casillas puede reducir su interés por el juguete.

Lo mismo ocurre cuando un niño intenta pedalear en el triciclo, descubre que no se ha movido ni un milímetro y se echa a llorar de pura frustración. Si los fracasos de este tipo son demasiado frecuentes, la confianza de su hijo en sí mismo disminuirá y dejará de intentarlo.

Por eso es necesario observarle atentamente cuando juega. Concédale la libertad de jugar solo para que experimente el placer del éxito y al mismo tiempo prepárese para intervenir si ve que se avecina una decepción o frustración. Y si su hijo pierde los estribos o deja que la frustración le desborde, abrácele, anímele y oriéntele hacia otro juguete o actividad que usted sepa que ya domina. Siempre puede volver a la actividad anterior más tarde, cuando tenga una actitud más positiva.

# Necesidades especiales

Las estadísticas indican que uno de cada cinco niños tiene necesidades especiales; en otras palabras, su desarrollo no sigue el modelo habitual. Por ejemplo, no aprende a hablar al mismo ritmo que otros niños de su edad, no ha dado su primer paso mucho después de que sus iguales se sostengan en pie o no sabe usar un juguete concreto aunque haya sido diseñado para su grupo de edad. Un niño con necesidades especiales tiene las mismas necesidades emocionales que cualquier otro niño, pero además tiene otras que afectan a la estimulación.

### Identificación

Algunos problemas del desarrollo no se detectan hasta que el niño tiene al menos 15 meses de edad, por ejemplo, cuando no empiece a hablar en la época esperada porque su comprensión parezca estar menos avanzada de lo que correspondería a un niño de esta edad. Si usted tiene alguna duda acerca del desarrollo de su hijo, hable con su pediatra o con el médico de cabecera. Lo más probable es que no tenga motivos de preocupación, pero le tranquilizará más la opinión de un profesional.

Los cuadros del desarrollo que se ofrecen al final de este capítulo son una guía para los progresos habituales realizados entre los 15 meses y los 3 años de edad. No obstante, recuerde que si su hijo no supera las sucesivas etapas a las edades sugeridas, eso no significa que tenga necesidades especiales.

▶ *Aunque un niño con necesidades especiales no progrese al mismo ritmo que los demás niños de su edad, disfrutará y aprenderá con los contactos sociales.*

Probablemente estará preparado para iniciar la siguiente etapa muy pronto y sólo necesita un poco de tiempo para desarrollar su potencial.

Evidentemente, es una causa de ansiedad descubrir que un hijo tiene necesidades especiales. Algunos padres se sienten culpables, aunque esté claro que no es culpa suya. Es útil compartir estos sentimientos con su pareja o un amigo comprensivo y sensible. Las familias de los niños con graves problemas de desarrollo necesitan asesoramiento profesional cualificado.

▲ *Es importante para todos los niños, tanto con necesidades especiales como sin ellas, que se les permita progresar a su propio ritmo.*

## ✦✦✦ Consejos ✦✦✦

**1. Recalque las similitudes, no las diferencias.** Piense siempre en las similitudes entre su hijo y otros niños, en lugar de concentrarse en las diferencias. Su hijo tiene cualidades especiales y las desarrollará mejor si usted tiene una actitud positiva.

**2. Imponga una disciplina razonable.** Los padres pueden ser reacios a aplicar reglas firmes de conducta a un niño con necesidades especiales. Pero él necesita que le impongan límites a su comportamiento igual que cualquier otro niño.

**3. Recopile información.** Cuanto más sepa sobre la dificultad de desarrollo concreta que experimenta su hijo, mucho mejor. Documéntese sobre ella, hable con los profesionales que tratan a su hijo y procure aprender también escuchando las experiencias de otros padres.

**4. Valore sus logros.** Comparados con otros niños que progresan a un ritmo rápido, los logros de su hijo pueden parecer relativamente menores. Pero para él son enormes, y le vendrá muy bien el entusiasmo de sus padres por cada paso que avance.

**5. Sea paciente e insista.** Quizá le frustre y decepcione esta ausencia de progresos, pero insista en las actividades de estimulación, a pesar de esta aparente falta de resultados. Su paciencia se verá recompensada tarde o temprano con un pasito adelante.

### Importancia del juego

Un niño con necesidades especiales sigue aprendiendo a través del juego; es tan importante para él como para cualquier otro niño. Sin embargo, quizá necesite ayuda adicional para sacar el máximo partido a la estimulación que usted le proporcione. Supervise sus pautas de juego y sus reacciones ante los juguetes y otras actividades estimulantes para descubrir las maneras más eficaces de captar su interés y potenciar sus progresos.

Adopte una perspectiva positiva. Existe una solución práctica para cada dificultad y obstáculo que su hijo se encuentre cuando juegue. Por ejemplo:

• **Esfuércese más por estimular su interés,** mostrándole una gama más amplia de juguetes y jugando más tiempo con él.

• **Su capacidad de concentración es limitada y pierde el interés rápidamente.** Juegue con él durante intervalos más cortos pero más asiduamente a lo largo del día. Su concentración será más aguda cuando la emplee en ratos breves.

• **Su control manual es escaso y no puede sujetar bien los juguetes con los dedos.** Ábrale los dedos con delicadeza, coloque el juguete en la palma de su mano y ciérrele los dedos a su alrededor. Así irá percibiendo la sensación de abrir y cerrar las manos.

• **El desarrollo del lenguaje es más lento de lo esperado y aún no es capaz de combinar dos palabras para construir una frase.** Siga ampliando su vocabulario hablando con él, cantándole canciones y recitándole rimas infantiles, así como hojeando libros con él.

• **Su desarrollo físico más lento restringe su capacidad de encontrar y trasladar objetos de su interés.** Identifique los juguetes y otros objetos que le llamen la atención y acérqueselos. Así superará la limitación que le impone la restricción de su capacidad física.

Conozca los puntos fuertes y débiles de su hijo para diseñar las estrategias de juego adecuadas. Aunque este progreso sea más lento de lo esperado, avanzará y mejorará sus habilidades durante el segundo y tercer años si cuenta con mucha estimulación.

# Desarrollo
## Psicomotor

- Camina sin tambalearse, con apoyo, para subir y bajar escaleras. Algunos niños de esta edad emplean distintas estrategias como gatear o bajar sentados.
- Anda confiadamente por la casa y el exterior.
- Recoge del suelo juguetes y otros objetos sin caerse.
- Cruza la habitación al trote hacia usted, pero puede desequilibrarse si empieza a correr.
- Empieza a subirse a los columpios del parque, pero necesita vigilancia constante.
- Suele disfrutar chapoteando y pataleando en la piscina.

## Coordinación oculomanual

- Ve la relación entre los movimientos de su mano y el efecto que causan. Por ejemplo, tira de una cuerda para acercarse el juguete atado a ella.
- Disfruta garabateando al azar sobre papel con lápices de colores o pinturas plásticas.
- Empieza a comer solo con las manos y la cuchara.
- Sujeta dos objetos pequeños al mismo tiempo, uno en cada mano.
- Quizá quiera ayudar a vestirse.
- Empieza a ser evidente la preferencia por una mano.
- Sabe dar palmadas.
- Completa con éxito un juego de insertar piezas en los huecos correctos de un puzzle de tablero.

## Aptitudes lingüísticas

- Puede interpretar y seguir instrucciones simples.
- Usa coherentemente unas seis o siete palabras, pero su comprensión se extiende a muchas más.
- Combina lenguaje y gestos para expresar sus necesidades.
- Empieza a aprender los nombres de las distintas partes del cuerpo.
- Disfruta con las canciones y las rimas infantiles, y quizá participe con sonidos y acciones.

# De los 15 a los 18 meses
## Aprendizaje

- Combina distintas habilidades, como concentración, memoria, coordinación oculomanual y comprensión para completar una tarea compleja como resolver un puzzle sencillo.
- Resuelve problemas simples como destapar una caja para ver lo que hay en el interior.
- Aprende los conceptos básicos de las cantidades y del volumen jugando con el agua.
- Es capaz de prestar atención durante más tiempo, lo que le permite concentrarse en más actividades arduas y terminarlas.
- Comprende y sigue el argumento de los cuentos que le leen y reacciona ante los personajes conocidos.
- Recuerda dónde ha dejado algo que le interesa, como su juguete favorito.

## Desarrollo socioemocional

- Puede sufrir un berrinche cuando no se sale con la suya porque empieza a afirmar su sentido de la autonomía.
- Quiere hacer más cosas solo, sobre todo comer y vestirse.
- Aprende buenos hábitos alimentarios comiendo en compañía.
- Empieza a aprender las prácticas sociales básicas, como prestar un juguete a otro niño.
- Juega con otros niños, les observa atentamente y aprende asimilando cómo interactúan y juegan con los juguetes.
- Expresa preferencia por alimentos determinados o por ciertos juguetes con los que quiere jugar especialmente.
- Quizá tenga celos cuando usted preste atención a otros niños.

# Desarrollo
## Psicomotor

- Es capaz de emprender otra actividad mientras está en movimiento. Por ejemplo, puede arrastrar un vehículo de juguete mientras camina.
- Le gusta encaramarse a los muebles.
- Sube y baja de una silla.
- Su equilibrio y su coordinación mejoran y tropieza menos, ya no se cae tanto mientras camina y corre.
- Es capaz de utilizar una gama más amplia de juegos del parque.
- Disfruta corriendo libremente por el parque y el jardín.

## Coordinación oculomanual

- Disfruta jugando con materiales de modelar, como plastilina o arcilla, y con arena y agua, haciendo formas y dibujando en la superficie.
- Le gusta lanzar pelotas grandes y pequeñas, rodando o por el aire, y quizá también atraparlas, aunque le resulta más fácil con las grandes.
- Apila bloques de madera pequeños uno encima de otro para construir una torre de unos cinco pisos.
- Vierte agua cuidadosamente de un recipiente a otro sin derramar demasiada.
- Sus trazos con lápices de colores sobre un papel son cada vez más seguros.

## Aptitudes lingüísticas

- Ha ampliado su vocabulario a docenas de palabras, la mayoría nombres que describen una clase general de objeto como «perro» para todos los animales o «casa» para cualquier edificio.
- Intenta cantar a coro una canción.
- Le interesan las conversaciones y empieza a aprender convenciones como responder y esperar respuestas.

- Junta dos palabras para formar frases.
- Empieza a comprender que el lenguaje se usa en los contactos sociales, además de para expresar necesidades básicas.
- Identifica personajes conocidos en libros ilustrados y fotografías e intenta decir su nombre.

# De los 19 a los 21 meses

## Aprendizaje

- Empieza a usar juguetes en juegos imaginativos, al desarrollarse su pensamiento simbólico.
- Su capacidad de resolver problemas, cada vez mayor, le permite completar un puzzle sencillo.
- Su curiosidad aumenta y quiere ver lo que ocurre en la calle y explorar los armarios cerrados.
- Utiliza todos los sentidos, incluidos la vista, el oído y el tacto, para aprender cómo es el mundo en que vive y se vuelve más confiado a la hora de explorar nuevos entornos.
- Cada vez se concentra mejor y es más decidido, además de estar más motivado para completar una tarea que supone un reto.

## Desarrollo socioemocional

- Aprecia la compañía de los padres y adultos y se esfuerza por llamar su atención con palabras o juegos.
- Puede dar varios pasos hacia atrás.
- Demuestra que casi está listo para empezar a aprender a usar el orinal, aunque a esta edad no es probable que adquiera el pleno control.
- Insiste en no acatar las decisiones con las que no está de acuerdo.
- Empieza a interactuar con otros niños, pero necesita mucha orientación social básica.
- Es capaz de comprender reglas simples, aunque quizá no siempre las cumpla.
- Disfruta con la seguridad de la rutina cotidiana normal.

# Desarrollo
## Psicomotor

- Empuja los pedales de un vehículo de juguete, aunque probablemente aún no pueda pedalear.
- Se sostiene sobre una sola pierna y puede dar un puntapié a una pelota con la otra.
- Corre confiadamente y casi nunca se cae, aunque esta actividad aún le exija mucha concentración.
- Camina muy rápido en línea recta.
- Puede lanzar y atrapar una pelota estando sentado.
- Baila al ritmo de la música.
- Mantiene bien el equilibrio y se balancea.

## Coordinación oculomanual

- Puede estar varios minutos seguidos mirando libros, estudiando cada ilustración, señalando las imágenes que atraen su interés y volviendo las páginas.
- Cada vez participa más en ayudar a vestirse y a desvestirse.
- Combina los dedos índice y pulgar con eficacia en un movimiento de pinza para sujetar objetos pequeños.
- Recibe y entrega objetos de mano en mano y puede invertir la operación.
- Emite sonidos cada vez más rítmicos con instrumentos musicales sencillos como tambores y panderetas.

## Aptitudes lingüísticas

- Identifica con precisión los objetos cotidianos que le colocan delante.
- Experimenta con distintas combinaciones (quizá «incorrectas») de palabras.
- Domina la mayoría de los sonidos, pero a menudo los mezcla o pronuncia mal ciertas consonantes como la «c» o la «s».
- Sabe enumerar casi todas las partes del cuerpo.

- Escucha con interés las conversaciones ajenas.
- Su vocabulario consta de al menos 200 palabras, a menudo combinadas en frases cortas.

# De los 22 a los 24 meses

## Aprendizaje

- Comprende que puede manipular los objetos para aprender más sobre ellos. Por ejemplo, le da la vuelta a las cosas para verlas por dentro.
- Le entusiasman los juegos imaginativos, inventa cuentos y escenarios con muñecos y juguetes como protagonistas.
- Observa a los adultos atentamente y emula sus gestos y actitudes como forma de aprender nuevas habilidades.
- Tiene una sed insaciable de información y hace muchas preguntas sobre todo lo que le rodea.
- Cada vez comprende mejor las explicaciones.
- Será capaz de recordar y relatar algunos acontecimientos del pasado.

## Desarrollo socioemocional

- Disfruta en compañía de otros niños, pero le cuesta compartir los juguetes y aún no juega cooperativamente.
- Puede comer bien solo con la cuchara.
- Probablemente ya ha empezado a aprender a utilizar el orinal, pero su control de la vejiga y los intestinos quizá no es demasiado seguro todavía.
- Quiere ayudar cuando le bañan y al lavarse los dientes.
- Disfruta con la responsabilidad de realizar tareas sencillas.
- Puede llorar cuando se separa de usted temporalmente, aunque se olvide pronto cuando desaparezca de su vista.
- Quizá sea tímido con los desconocidos.

# Desarrollo
## Psicomotor

- Es capaz de saltar a poca altura en el aire desde la posición erguida y con la práctica podrá saltar por encima de un obstáculo bajo.
- Sortea con éxito obstáculos mientras realiza otra tarea. Por ejemplo, puede empujar una carretilla de juguete por la habitación sin chocar con los muebles.
- Puede dar cortos paseos a pie en lugar de usar el cochecito.
- Sube las escaleras de casa sin ayuda.
- Se sostiene de puntillas un par de segundos.

## Coordinación oculomanual

- Consigue enhebrar cuentas de collar grandes.
- Al pintar o dibujar aferra el lápiz o el pincel con los dedos y traza líneas controladas. Por ejemplo, puede copiar una línea vertical que usted le dibuje.
- Se desenvuelve mejor con los juguetes de construcción y los puzzles que tienen piezas que encajan entre sí.
- Puede abrochar y desabrochar botones grandes.
- Empieza a aprender a usar otros cubiertos además de la cuchara.
- Ha establecido firmemente su preferencia por una mano.

## Aptitudes lingüísticas

- Le encanta que le lean cuentos justo antes de dormirse.
- Le va bien comentar sus actividades con usted y sacará mayor partido de un programa de televisión, por ejemplo, si usted lo comenta después con él.
- Hace preguntas y escucha atentamente las respuestas.
- Tiene un vocabulario de varios cientos de palabras distintas.

- Disfruta con las conversaciones simples con adultos conocidos y otros niños.
- Utiliza el lenguaje para ampliar la complejidad de sus juegos imaginativos, como disfrazarse.
- Empieza a usar pronombres como «él» o «tú» y preposiciones como «en» o «con».
- Recuerda pequeñas cantidades de información personal, como su edad y nombre completo y es capaz de comunicarla.

# De los 25 a los 30 meses

## Aprendizaje

- Empieza a identificar los colores; por ejemplo, encuentra dos ladrillos del mismo color.
- Comprende que las monedas son «dinero», pero aún no tiene noción de su valor.
- Clasifica objetos por características específicas. Por ejemplo, puede dividir los juguetes en clases, como animales o vehículos.
- Empieza a desarrollar un sentido amplio del tiempo. Por ejemplo, probablemente distingue entre «hoy» y «mañana».
- Se identifica en las fotografías que le muestran.
- Está ávido de nuevas experiencias fuera del hogar y disfruta visitando lugares nuevos, como el zoo.

- Atribuye cualidades humanas a los objetos inanimados como expresión de su imaginación activa y quizá como medio de comprender el mundo que le rodea. Por ejemplo, quizá se preocupe porque su juguete favorito esté triste si lo deja en casa.

## Desarrollo socioemocional

- Quizá siga tímido e inseguro cuando le deje al cuidado de otra persona.
- Empieza a aprender las prácticas sociales básicas, como compartir cuando juega con sus hermanos y otros niños.
- Adopta un papel cada vez más activo a la hora de vestirse y desvestirse. Puede quitarse los calcetines y la ropa cuando se va a acostar.
- Está más dispuesto a jugar con otros niños de vez en cuando, aunque las disputas sigan siendo frecuentes.
- Insiste en intentar realizar más actividades solo pero puede desanimarse cuando experimente la frustración y el fracaso.
- Es proclive a las rabietas cuando las cosas no salen como él espera.

# Desarrollo
## Psicomotor

- Salta desde una altura reducida, como un escalón, sin perder el equilibrio.
- Intenta actividades de equilibrio arriesgadas, como caminar sobre un tronco o saltar, aunque no siempre lo consiga.
- Se mantiene en equilibrio varios segundos sobre una sola pierna.
- Anda de puntillas por el suelo sin desequilibrarse.
- Puede utilizar los toboganes en los parques.
- Corre velozmente con gran confianza.
- Puede pedalear en un vehículo de juguete para impulsarse.
- Emula movimientos con exactitud y participa plenamente en las canciones que se acompañan con gestos.

## Coordinación oculomanual

- Saca partido de la gama más amplia de atracciones y manualidades en la guardería o el jardín de infancia.
- Puede construir una torre de más de ocho bloques.
- Empieza a ser capaz de recortar papel con tijeras para niños, aunque le cuesta mucho.
- Completa puzzles simples.
- Gracias a su mejor control, sus dibujos son menos aleatorios y su tema a menudo es reconocible. Puede copiar figuras simples dibujadas que usted le proponga.
- Desempeña tareas domésticas simples como llevar los cubiertos a la mesa o guardar los juguetes en una caja.

## Aptitudes lingüísticas

- Da instrucciones confiadamente.
- Usa con frecuencia pronombres como «yo» y «mío», aunque no siempre correctamente.
- Tiene un vocabulario de al menos mil palabras.
- Está preparado para escuchar cuentos más complicados con muchos personajes.

- Hace preguntas frecuentes sobre el significado de las palabras que no conoce y que oye usar, a usted o a otros adultos.
- Demuestra comprender hasta cierto punto las reglas gramaticales, que aplica en su uso de la lengua.

# De los 31 meses a los 3 años

## Aprendizaje

- Compara el tamaño o la altura de dos objetos, aunque no siempre con exactitud.
- Inventa cuentos sencillos.
- Recuerda algo que hizo con usted ayer y quizá también acontecimientos emocionantes de un pasado más lejano.
- Anticipa las consecuencias de sus actos. Por ejemplo, sabe que si vuelca el vaso, la bebida se derramará.
- Completa rompecabezas de tres o cuatro piezas grandes.
- Es capaz de retener información, como el nombre de un objeto, en la memoria repitiéndolo varias veces para sí mismo.

## Desarrollo socioemocional

- Tiene una clara noción de sí mismo y protege sus pertenencias y espacio personal.
- Está limpio y seco durante todo el día.
- Puede desarrollar una amistad especial con un niño en particular.
- Es más consciente de los sentimientos de otras personas y se esfuerza por ayudar y consolar a otro niño con problemas.
- Muestra más confianza en las situaciones nuevas y traba amistades fuera del círculo familiar inmediato.
- Cumple mejor las reglas familiares y las rabietas disminuyen de frecuencia.
- Disfruta eligiendo qué comer o con qué vestirse.

# Desarrollo

psicomotor

# Desarrollo psicomotor

Durante el período comprendido entre los 15 meses y los 3 años, las aptitudes físicas de su hijo pasan de permitirle andar torpemente –sus primeros pasos aún son recientes– a dominar confiadamente una amplia gama de habilidades físicas complejas, como lanzar, atrapar, correr, mantenerse en equilibrio y dar patadas. Naturalmente, sus capacidades motrices siguen desarrollándose en los años siguientes, pero es en esta etapa de su vida cuando empiezan a emerger estas aptitudes físicas avanzadas.

## Fundamentos del cambio

Los fundamentos del mejor control de los brazos, piernas, cuerpo, equilibrio y coordinación de su hijo a esta edad están centradas en tres puntos. Primero, las semillas de esas capacidades fueron sembradas durante los 15 meses anteriores, mientras la coordinación de su bebé evolucionaba constantemente desde sus movimientos aleatorios de brazos y piernas al nacer hasta acciones voluntarias.

El segundo punto es la estimulación que usted le proporcionó a su bebé mientras adquiría el dominio de los movimientos físicos básicos como darse la vuelta para ponerse boca arriba o abajo, usar los brazos y piernas para gatear de un lado al otro de la habitación y finalmente ponerse de pie sin apoyarse. Todavía necesita que le animen para seguir progresando en las habilidades de coordinación.

El tercer punto importante de estas capacidades motrices en constante evolución son los cambios físicos que se producen en su segundo y tercer años de vida. Éstos son algunos de los cambios:

• **Estatura y peso.** Hacia los 2 años, su hijo probablemente haya alcanzado casi la mitad de la estatura que tendrá de adulto y su peso también seguirá aumentando. Sus piernas serán más largas y sus músculos, más fuertes y firmes, permitiéndole moverse de un modo más ágil, a mayor velocidad y con actos más deliberados.

• **Cerebro.** Al nacer, el cerebro de su hijo pesaba aproximadamente un 25 por ciento del de un adulto, mientras que a los 2 años ha crecido hasta alcanzar aproximadamente el 75 por ciento del peso que tendrá de adulto. Este mayor tamaño del cerebro

viene acompañado de la maduración de parte del cerebelo, que le proporcionará más control sobre el equilibrio y la postura corporales.

• **Vista.** Otro efecto de la maduración del cerebro que se observa en el segundo y tercer años es que la vista mejora y es capaz de concentrarse con más precisión en un punto. Para superar eficazmente retos de su motricidad como subir escaleras, correr, lanzar objetos y mantener el equilibrio, su hijo debe utilizar la vista continuamente para inspeccionar el área que tiene delante. A esta edad estará mucho más preparado para ello.

▶ *Es muy probable que su hijo ande confiadamente a los 2 años.*

◀ *Se mantiene en equilibrio hasta el punto de levantar objetos voluminosos y caminar sin apoyarse.*

*▲ Este niño de 18 meses ya domina la técnica de lanzar una pelota. Este tipo de habilidad aparece naturalmente en algunos niños, mientras que otros tardan más en aprenderla.*

### Mi hijo es torpe

Existen enormes variaciones en el ritmo al que los niños adquieren las habilidades de coordinación. Sólo hay que observar un grupo de niños de 2 o 3 años para ver que unos son más ágiles que otros. Por eso no hay necesidad de preocuparse si el suyo siempre es de los que tropieza más a menudo o de los que más tardan en trepar hasta el primer escalón de la escalera del parque; las diferencias individuales en el dominio de un movimiento son perfectamente normales.

No obstante, las estadísticas revelan que entre el 5 y el 7 por ciento de los niños son torpes; en otras palabras, tienen dificultades en todas las actividades que requieran el uso de brazos, piernas y cuerpo. Todo lo relacionado con el equilibrio y la coordinación resulta ser un desafío abrumador para un niño torpe. La proporción entre niños y niñas es de 2 a 1.

No está clara la línea divisoria entre un niño lento en adquirir nuevas capacidades de coordinación y otro torpe. Esta falta de una definición clara no importa realmente porque todo niño –torpe, normal o ágil– requiere estimulación y ánimos para mejorar. Tenga presente que la raíz de la torpeza reside en el modo como el niño percibe el mundo y es capaz de coordinar diversos procesos; no se debe a ningún problema físico de sus extremidades.

El mayor obstáculo al que se enfrenta un niño torpe –y de hecho cualquier niño que luche ante un reto físico– es que puede perder la confianza en sí mismo y empezar a rendirse demasiado pronto cuando se trate de realizar actividades con movimiento. Un niño con una mala coordinación suele tener miedo a fracasar y por eso no lo intenta con demasiado empeño. Necesita apoyo de los adultos para superar las dificultades que experimenta de modo que pueda mantener su autoconfianza y seguir disfrutando de saludables juegos físicos.

### Seguridad

Ahora que su hijo es capaz de realizar una gama más amplia de actividades físicas, –ya sea en casa o fuera, quizá en el jardín, el parque o el patio de la guardería–, la seguridad debe seguir siendo una prioridad. A medida que los retos de coordinación que quiera superar se hagan más complejos, los peligros potenciales a los que se enfrente también aumentarán.

Además de no perder de vista a su hijo cuando corretee por ahí, compruebe cuidadosamente todo el equipamiento del jardín o del parque. Adquiera estructuras para trepar, toboganes y columpios sólo en jugueterías acreditadas y asegúrese de que todo se monta sólidamente siguiendo las instrucciones del fabricante. Aplique los mismos criterios de seguridad a los columpios de los parques y patios de guardería. Busque posibles peligros en el equipamiento antes de dejar jugar a su hijo con ellos; si tiene alguna duda, llévele a jugar a otra parte.

*▼ Los niños de esta edad no tienen una verdadera noción del peligro y pueden meterse en líos, por lo que su seguridad debe ser una prioridad en todo momento.*

# Desarrollo psicomotor

| Edad | Capacidad |
|------|-----------|
| **15-18 meses** | Su mejor equilibrio y postura le permiten ver algo en el suelo y recogerlo sin caerse. |
| | Las escaleras empiezan a fascinar a su hijo, pero su falta de equilibrio y de agilidad significan que necesita la supervisión de un adulto cuando las suba o baje. |
| | Puede moverse por la casa con una rapidez y una comodidad razonables, aunque carece de estabilidad cuando intenta ir muy deprisa. |
| | Le gusta chapotear en el agua, pero puede sentir ansiedad si hay demasiada gente a su alrededor o si el agua está muy removida. |
| **19-21 meses** | La nueva capacidad de trepar de su hijo le da la confianza suficiente para explorar nuevos lugares y tratar de encaramarse a los muebles de la casa. |
| | Los ejemplos de tropiezos y caídas inesperadas cuando camina o corre disminuyen significativamente, consecuencia de un mejor equilibrio, más coordinación y mayor confianza en sí mismo. |
| | Su motricidad ha evolucionado hasta el punto en que puede completar eficazmente más de una actividad física al mismo tiempo sin desorientarse. |
| **22-24 meses** | Mantiene un equilibrio mucho más estable y raramente se cae, ni siquiera cuando corre. Sin embargo, aún necesita concentrarse mucho cuando va deprisa. |

# De los 15 meses a los 3 años

## Qué hacer

Cuando esté de pie, deje que vea como usted le acerca un juguete pequeño. Haga el gesto de entregárselo y, cuando él extienda el brazo para agarrarlo, deje caer el juguete «accidentalmente» al suelo. Su hijo se inclinará lentamente, se apoderará del objeto y volverá a erguirse.

Quédese junto a su hijo al pie de unas escaleras y tómele de la mano. Anímele a caminar con usted lentamente, un paso tras otro. Aferrado a su mano, él levantará un pie hasta el primer escalón y luego el otro hasta la misma altura.

Anímele a caminar en cada ocasión; no caiga en la tentación de llevarle en brazos para completar un recorrido más rápidamente. Pídale que camine deprisa hacia usted por la habitación –correr puede serle aún demasiado difícil– y hágale mimos cuando lo intente.

Al principio, déjele chapotear en la piscina infantil. Asegúrese de que lleve el flotador adecuado y quédese a su lado en todo momento, por seguridad y para darle confianza. Otra posibilidad es apuntarse con su hijo a un curso de natación para niños.

Enséñele cómo sentarse en una silla. Si es una sillita de tamaño infantil, pronto aprenderá a acercarse, darse la vuelta y sentarse de espaldas. Si es una silla normal, conseguirá trepar hasta ella antes de darse la vuelta y dejarse caer sentado.

Observe a su hijo atentamente cuando corra libremente por la casa. Cuando vea que empieza a caerse, recuérdele que debe ir despacio, tomarse su tiempo y mirar hacia delante siempre que camine. Estas indicaciones sencillas reducirán el número de caídas.

Déle un juguete de arrastre con ruedas y una cuerda larga atada. Su hijo puede caminar al tiempo que tira del juguete y lo traslada. El juguete no le distrae ni le desequilibra al caminar.

En una salida al parque, busque una zona de césped llana y pida a su hijo que corra a su lado. Podrá moverse con rapidez siempre que vaya en línea recta; los cambios de dirección bruscos o las esquinas le obligarán a frenar para no caerse.

# Desarrollo psicomotor

| Edad | Capacidad |
|------|-----------|
| | Empieza a sostenerse sobre una sola pierna un segundo o dos, mientras usa la otra para dar una patada a una pelota. |
| | Los vehículos de juguete a pedales proporcionan mucha diversión a su hijo, aunque todavía no esté preparado para pedalear. |
| 25-30 meses | El equilibrio, la fuerza muscular y la coordinación de las extremidades de su hijo son suficientes para que realice un intento razonable de saltar hacia arriba estando de pie. |
| | Su hijo puede coordinar los movimientos de sus extremidades para desplazarse por la habitación sin topar con nada, mientras se concentra en otra tarea al mismo tiempo. |
| | Su mayor confianza y sus nuevas capacidades motrices significan que quiere subir el tramo de escaleras de su casa él solo, sin nadie a su lado. |
| 31-36 meses | La capacidad de saltar de su hijo ha mejorado y ahora puede saltar a corta altura sin perder el equilibrio cuando aterriza. |
| | El equilibrio y la coordinación de su hijo han evolucionado hasta el punto en que puede completar confiadamente actividades físicas complejas que antes eran demasiado difíciles para él. |
| | Adora cualquier oportunidad de jugar con los columpios de los parques, sobre todo cuando sabe que usted le observa. Estará orgulloso de sus logros en estos grandes juguetes. |

# De los 15 meses a los 3 años

## Qué hacer

Sitúe a su hijo en pie a varios metros de distancia, de cara a usted, y deje una pelota grande a sus pies. Pídale que le dé una patada a la pelota para lanzarla hacia usted. Al principio quizá pierda el equilibrio al intentarlo, pero con la práctica conseguirá dar patadas manteniéndose erguido.

Déle un vehículo de juguete con ruedas y pedales. Asegúrese de que el asiento es lo bastante bajo para que su hijo pueda apoyar los pies firmemente en el suelo. No podrá pedalear, pero intentará impulsarse con los pies en el suelo.

Demuestre a su hijo cómo da un salto en el aire con los pies juntos. Él intentará imitar su movimiento, aunque probablemente no usará los brazos para equilibrarse y darse impulso como usted. Es una operación difícil, pero su hijo disfrutará intentándola.

Si su hijo tiene un juguete con ruedas grandes, como una carretilla de plástico, podrá sujetarlo firmemente con las manos y empujarlo por el pasillo sin chocar contra los muebles continuamente y sin tropezar. Recuérdele que debe concentrarse cuando camina.

Sitúese al pie de las escaleras y observe a su hijo cuando intente subirlas solo. Quizás esté un poco nervioso y necesite agarrarse con una mano al pasamanos o apoyarse en la pared mientras sube; no debe mirar atrás hacia usted hasta que llegue arriba.

Pídale a su hijo que se coloque en el primer peldaño de un tramo de escaleras, de cara hacia el pie. Podrá saltar hacia usted con los pies juntos y aterrizar sin caerse. A medida que aumente su confianza, intentará saltar también desde el segundo escalón.

Descubrirá que su hijo es capaz de mantener el equilibrio durante varios segundos sosteniéndose sobre una sola pierna, con el otro pie levantado del suelo. Además, es más estable de puntillas y puede andar así sin desequilibrarse ni apoyar los talones en el suelo.

A su hijo le encanta trepar por una escalera de mano pequeña y luego bajar deslizándose. Es más atrevido en el parque y trata de mantener el columpio en movimiento después de un empujón inicial. Sosténgale la mano cuando haga equilibrios sobre una maroma o pasarela fija.

# Estimulación del desarrollo psicomotor: de los 15 a los 18 meses

Su hijo es cada vez más atrevido, a medida que aumenta su confianza en sus propias capacidades motrices. Su curiosidad natural, unida a sus nuevas habilidades de coordinación, inaugura una nueva gama de experiencias de juego para él. Se da cuenta de que puede desplazarse más fácilmente sin necesidad de pedir ayuda y corretea por la casa, rebosante de autosatisfacción.

## CAMBIOS DE ESTILO AL CAMINAR

Una de las cosas que usted notará es que el estilo de su hijo al caminar va cambiando. Y no es sólo que mantenga mejor el equilibrio al aproximarse a los 18 meses de vida. Cuando camina, los dedos de sus pies tienden a apuntar hacia delante, en lugar de hacia dentro (eso le permite moverse con mayor rapidez).

Además, mantiene los pies más cerca del suelo al andar, en lugar de subirlos al máximo como cuando daba sus primeros pasos (eso le ayuda a mantener el equilibrio). La combinación de todos estos pequeños cambios mejora su estabilidad y su control al caminar.

### Sugerencias

Los niños de esta edad tienen una asombrosa capacidad de improvisación: por ejemplo, suben y bajan las escaleras recurriendo a una amplia variedad de estrategias, desde gatear hasta bajar sentados peldaño a peldaño. No existe una manera «correcta» de hacerlo; su hijo utilizará la técnica que más le convenga y mejor se adapte a su grado de desarrollo físico. La mejor forma de ayudarle es animándole mucho, porque su entusiasmo puede enfriarse rápidamente si fracasa repetidamente, quizá porque no tenga la suficiente coordinación en los pies o porque cada vez que se incline, se caiga de bruces. Cuando el éxito se le resista, puede caer en la tentación de dejar de intentarlo.

Por eso la presencia de un adulto es un respaldo enorme, no sólo para ofrecerle apoyo verbal, sino también ayuda práctica. Por ejemplo, puede sostenerle la mano cuando intente andar deprisa; así ambos sabrán que no hay peligro de tropezones y por lo tanto las ganas de intentarlo aumentarán. O puede formar una pantalla protectora alrededor del niño con las manos, sin llegar a tocarle, mientras se esfuerza por subir un tramo de escalones.

▶ *Anime mucho a su hijo a aceptar retos como subir escaleras. No aparte demasiado las manos por si se cae.*

La presencia de sus padres le proporciona una sensación de seguridad además de aumentar su complacencia con este logro que comparte con usted. Esto estimulará su confianza en sí mismo, motivándole a repetir la experiencia.

Por supuesto, el objetivo debe ser reducir este grado de participación de un adulto en sus desplazamientos por la casa progresivamente

◀ *Anime a su hijo a realizar tareas simples sin ayuda. Es bueno que aprenda a hacer las cosas de una manera segura y además se divertirá siguiendo las instrucciones.*

a lo largo de los meses siguientes, en la medida en que su coordinación aumente y su capacidad de moverse madure. Mientras tanto, sin embargo, ofrézcale toda la ayuda que necesite, pero sin imponerse del todo.

Al niño le encantan las actividades relacionadas con el movimiento, que a su vez le permitan acostumbrarse a las sensaciones asociadas a los cambios de postura y situación. Su hijo se pondrá muy contento cuando recite con usted canciones que requieran acciones y realicen movimientos en sincronía. Procure aprenderse un repertorio variado de canciones, con la ayuda de otros padres, libros y vídeos.

## ❖❖❖❖❖ Consejos ❖❖❖❖❖

1. **Tranquilícele cuando se caiga.** Las caídas ocasionales pueden trastornarle. Lo único que necesita para volver a levantarse es que sus padres le abracen y le aseguren que la próxima vez será menos probable que se caiga.

2. **Demuestre las acciones si es necesario.** Su hijo aprende por experiencia y quizá necesite que usted le enseñe, por ejemplo, a sentarse en una silla grande. Primero observará atentamente y luego intentará hacerlo él.

3. **Calme su ansiedad.** Puede sentirse frustrado, por ejemplo, cuando el juguete que arrastra no vaya en la dirección exacta que él quiera. No le permita rendirse. En su lugar, cálmele y luego anímele a seguir tirando del juguete mientras camina.

4. **No lo haga todo por él.** Es mucho más fácil y rápido cuando, por ejemplo, usted le levanta para sentarle en la trona. Pero así no aprenderá a hacerlo solo, si usted lo convierte en un hábito. Su hijo necesita intentar esas maniobras por sí mismo.

5. **Hágale tomar conciencia de los riesgos.** La nueva capacidad de explorar de su hijo conlleva un mayor riesgo. Recuérdele que debe ir con cuidado y mirar lo que está haciendo, pero no exagere previniéndole o acabará siendo un niño asustadizo.

▲ *A esta edad, los niños se caen a menudo y tropiezan cuando intentan nuevos movimientos. El consuelo y el ánimo de los padres les ayuda a superar esta fase.*

## P**reguntas** Y R**espuestas**

**P** ¿Los zapatos y calcetines dan confianza a mi hijo para caminar?

**R** Para salir de casa, su hijo debe llevar zapatos y calcetines para protegerse los pies. Por otra parte, dejarle andar descalzo por casa facilitará el desarrollo de sus capacidades motrices. Así los músculos de los pies tienen más contacto con el suelo y el niño puede usar los dedos de los pies con más eficacia para mantener el equilibrio.

**P** Mi hijo parece tener mucha barriga. ¿Eso puede entorpecer sus progresos psicomotores?

**R** A esta edad, el hígado de su hijo es muy grande en proporción a su tamaño corporal, y su vejiga todavía está muy arriba en el abdomen. Estas características físicas pueden hacerle creer que está gordo —aunque no lo esté— y no tienen efecto negativo alguno sobre sus movimientos.

🧸🚂 **Juguetes:** juguetes de arrastre, correpasillos, mesa y silla de tamaño infantil, pelotas hinchables blandas, bañera para chapotear.

# Estimulación del desarrollo psicomotor: de los 19 a los 21 meses

El cambio más significativo en las capacidades motrices a esta edad es la capacidad de desplazarse al mismo tiempo que realiza otra actividad. Por ejemplo, puede arrastrar un vehículo mientras anda. Antes, el acto básico de coordinar los movimientos de brazos, piernas y cuerpo era tan exigente que requería su concentración plena en esa actividad.

### DOMINIO POR REPETICIÓN

No se sorprenda si su hijo reproduce una y otra vez la misma experiencia motriz; es su forma instintiva de dominar una actividad nueva. Por ejemplo, cuando su hijo de 21 meses se suba a una silla para sentarse a la mesa e inmediatamente vuelva a bajar, seguido por un nuevo intento de subirse otra vez.

No es que se divierta con cualquier cosa ni que carezca de imaginación. Instintivamente sabe que la repetición es la mejor manera de mejorar sus movimientos, equilibrio y coordinación, y sigue haciéndolo hasta que se considera que ya lo hace bien.

*◀ En cuanto su hijo se mantenga estable en posición erguida accederá a más juegos en el parque, lo que a su vez contribuirá a aumentar su fuerza y a mejorar su coordinación.*

mientras le lee un cuento por la mañana o la tarde, escalar las cimas de una silla de cocina para observar cómo pone la mesa para la cena y andar libremente por el jardín mientras usted está también ahí fuera. Utilizando las actividades cotidianas a medida que surjan espontáneamente se asegurará de que haya muchas oportunidades de consolidar y aumentar su coordinación, equilibrio y movimiento.

**Sugerencias**

Aunque su hijo sea feliz ahora sentándose frente al televisor la mayor parte del día, por el bien de su salud y su desarrollo, asegúrese de que haya mucha actividad física en su rutina diaria. Anímele a participar en las actividades familiares, de modo que, por ejemplo, camine por los pasillos del supermercado con usted o siga sus pasos subiendo o bajando escaleras. Cuantas más actividades con movimiento realice, mejor.

No tiene que diseñar ejercicios físicos específicos para él. Simplemente siguiéndole a usted durante el día realizará todo el ejercicio que necesita. Puede subirse al sofá junto a usted

*▼ A esta edad, los niños pueden completar tareas como llenar un cubo de arena con una pala.*

Empiece a proponerle retos motores simples que contengan más de un elemento. Por ejemplo, puede pedirle que vaya a la otra punta de la habitación, tome el juguete que hay en el suelo y lo guarde en la cesta de los juguetes de la esquina opuesta.

◆◆◆◆◆◆ C o n s e j o s ◆◆◆◆◆◆

1. **Déjele explorar libremente.** Su hijo necesita libertad para investigar por su cuenta y desplazarse como quiera para poner a prueba sus nuevas habilidades. Mientras usted sepa que no corre peligro, déjele aventurarse por la casa sin restringir demasiado sus movimientos.

2. **Ofrezca soluciones.** Su hijo quizá no pueda encontrar inmediatamente la solución al reto motor que afronta. Si se esfuerza sin éxito en alguna actividad, sugiérale maneras de alcanzar su objetivo; él reaccionará a sus ideas.

3. **Lleve a su hijo al parque.** Aunque en el parque más próximo no haya equipamiento para niños, a él le encantará jugar al aire libre en las zonas de césped. Sabe que si cae sobre la hierba, no se hará daño.

4. **Redistribuya sus muebles con regularidad.** Por ejemplo, hoy puede colocar su silla al otro lado de la mesa. Esto significa que tendrá que usar sus capacidades motrices de una manera ligeramente distinta para subirse a la silla y sentarse.

5. **Practique con él las acciones de caminar y detenerse.** Se divertirán mucho juntos cuando usted le enseñe a detenerse en seco. Al principio, su hijo necesitará dar varios pasos hasta conseguir pararse del todo si andaba deprisa, pero pronto lo hará mejor.

◀ *Su hijo disfruta explorando nuevos espacios como esta casita de juguete. En casa, usted puede construirle una parecida con una sábana extendida sobre dos sillas o con un par de cajas de cartón grandes.*

O bien puede empujar su aspiradora de juguete por el suelo mientras usted hace lo mismo con la de verdad. Cualquier tarea que implique desplazarse de un lugar a otro, al tiempo que se realiza otra actividad física, beneficia automáticamente el desarrollo psicomotor y la coordinación de un niño.

A su hijo le encanta exhibir sus nuevas habilidades ante usted, tanto si se trata de subir escaleras o correr a un paso que para él es rápido. Por eso pedirá que le observen cuando demuestre cada nuevo logro. Aunque la tarea en la que se embarque esté por encima de sus posibilidades, estará tan orgulloso de su destreza recién adquirida que querrá contar con su aprobación. Y cuando usted sonría ante su esfuerzo, le estará animando a perseverar hasta que alcance su meta.

▼ *Su hijo podrá jugar solo con algunos juguetes móviles y obtendrá una enorme sensación de éxito.*

P reguntas Y R espuestas

**P** ¿Mi hija debería caminar ya hacia atrás a esta edad?

**R** La mayoría de los niños lo consiguen hacia los 21 meses, aunque puedan tardar más en aprender. Cuando su hija mire hacia usted, probablemente podrá dar varios pasos hacia atrás, pero si se vuelve para mirar por encima del hombro mientras recula, es posible que dé traspiés. Debe ejercitarse en un suelo alfombrado.

**P** ¿Un niño que empieza a caminar puede subir hasta alcanzar el picaporte de una ventana?

**R** Sí. Se sorprendería de lo hábiles que son los niños activos moviendo muebles para llegar a nuevas alturas; son muy creativos a la hora de resolver problemas como éste. Instale cierres a prueba de niños en las ventanas, sobre todo si no vive en una planta baja.

**Juguetes:** triciclo con pedales grandes, mobiliario infantil, herramientas de jardinería de plástico, juguetes de arrastre que hacen ruido al moverse.

# Estimulación del desarrollo psicomotor: de los 22 a los 24 meses

El mayor equilibrio de su hijo y su motricidad corporal más variada, sumados a su mayor fuerza en el pecho, las caderas y las piernas, le proporcionan la capacidad y la confianza para intentar tareas físicas que antes sólo podía observar pasivamente, como correr, saltar, dar patadas, lanzar objetos y atraparlos. Naturalmente, todavía se halla en las primeras etapas de la adquisición de estas habilidades en concreto, pero realizará progresos constantes a lo largo de los siguientes meses.

## MADURACIÓN FÍSICA

Entre los niños de 2 años se da una gran variación en la capacidad atlética, debido principalmente a sus distintos ritmos de maduración física y neurológica. Para que su hijo adquiera capacidades motrices complejas, debe haber desarrollado las estructuras musculares y neurológicas subyacentes. Si su desarrollo no ha alcanzado este punto, será incapaz de dominar habilidades como correr, lanzar objetos y escalar, por mucho que se ejercite en estas acciones. Por eso debe usted tener cuidado en no forzar demasiado a su hijo si le cuesta realizar esfuerzos físicos; probablemente sólo ocurra que su cuerpo aún no esté preparado. Pruebe otra vez dentro de unas semanas.

## Sugerencias

Los juegos de pelota empiezan a serle más fáciles, puesto que coordina mejor las manos y los pies. Disponga de una gama de pelotas de tamaños variados para que juegue. Cuando intente dar una patada a una pelota, a veces quizá se caiga al balancear la pierna –su equilibrio durante este tipo de actividad sigue siendo inestable–, pero casi siempre logrará permanecer de pie. Anímele a mantener la parte superior del cuerpo erguida mientras da patadas a la pelota porque así le ayudará a que su centro de gravedad siga entre sus pies.

Dar una patada estando de pie es la manera más fácil de empezar para un niño; hacerlo estando en movimiento exige más a un niño de esta edad, por entusiasta que sea. Lo más probable es que cuando intente acercarse a una pelota y darle una patada sin detenerse, simplemente tropezará con ella. Recójale, sacúdale el polvo, séquele las lágrimas y propóngale intentarlo de nuevo. Necesitará mucha práctica.

◀ *Hacia los 2 años, los niños disfrutan aprendiendo a dar patadas a una pelota en dirección al adulto, aunque tardarán un tiempo en hacerlo con soltura.*

Aprenderá gradualmente a detenerse del todo antes de dar patadas o a cronometrar sus pasos para golpear la pelota con la pierna sin cambiar el paso. Se trata de una habilidad compleja que se tarda tiempo en adquirir. Asegúrese de que su hijo se divierte mucho durante estos juegos; si resulta demasiado serio, perderá el interés.

Lo mismo reza para las acciones de lanzar y atrapar objetos. Cuanto más cerca del suelo esté el trasero de su hijo, más fácil le será lanzar y atrapar una pelota (porque su centro de gravedad está más bajo, lo cual a su vez aumenta su estabilidad). Practique ambas acciones con el niño sentado en el suelo y utilice una pelota de mediano tamaño que él pueda sujetar sin dificultad.

▶ *A los niños de esta edad les encanta bailar y saltar al ritmo de la música y es una forma excelente de consumir el exceso de energía en un día lluvioso, por ejemplo.*

Si comprueba que su hijo se las apaña bien con estas acciones estando sentado, estará listo para intentar atrapar la pelota y lanzarla estando de pie. Prepárese para verle caerse de vez en cuando, ya que sus intentos lo desequilibrarán a menudo. Una vez más, la práctica constante es la clave para dominar estas habilidades.

▼ *Desplazarse en su triciclo proporcionará a su hijo una sensación real de independencia, aunque a esta edad quizá se impulse con los pies en lugar de pedalear.*

## ✦✦✦✦✦✦ Consejos ✦✦✦✦✦✦

1. **Juegue con él en un columpio.** Le gustarán las sensaciones de balancearse adelante y atrás en el columpio, siempre que esté bien sujeto y no pueda resbalarse. Aprenderá a reajustar el equilibrio continuamente cuando el columpio se mueva en cada dirección.

2. **Escuche música con él.** Su hijo bailará alegremente al ritmo de la música de su canción favorita. Y tratará de imitar a cualquiera que vea bailando en televisión. Su entusiasmo aumentará si usted baila con él.

3. **Facilite el éxito.** No se cree falsas expectativas acerca de los progresos de su hijo. Necesita experimentar el éxito en actividades que impliquen movimiento o su motivación disminuirá pronto. Cuando consiga algo nuevo, hágale saber cuánto se alegra.

4. **Espere interrupciones ocasionales en sus progresos.** Habrá fases transitorias durante las cuales casi no progresará en sus capacidades motrices. Esto le ocurre a la mayoría de los niños. Empezará a progresar de nuevo cuando esté preparado para el cambio.

5. **Fomente su independencia.** Su hijo tiene ahora una edad en la que le gusta hacer las cosas por sí mismo y debería potenciar esa actitud. Él no necesita que usted se lo traiga todo; puede resolver solo muchas actividades físicas.

## P<small>reguntas</small> Y R<small>espuestas</small>

**P** ¿Bailando mejorará la motricidad de mi hijo?

**R** No hay nada como bailar al ritmo de la música para conseguir que un niño de 2 años gire y contorsione su cuerpo. El baile no será sistemático ni seguirá un patrón fijo, pero requerirá muchos movimientos, mucha coordinación y mucho equilibrio. Es una manera genial de desarrollar su agilidad al tiempo que se divierte.

**P** ¿Es verdad que los niños de 2 años suelen ser más altos que las niñas de su misma edad, y por eso son más atléticos en general?

**R** Es verdad que hacia los 2 años, el ritmo de crecimiento se detiene un poco y que los niños suelen ser más altos que las niñas. Pero esta diferencia de estatura tiene ventajas y desventajas a la hora de desarrollar el movimiento y el equilibrio. Por ejemplo, los niños más bajos a menudo corren más que los altos.

🧸🚚 **Juguetes:** juguetes con ruedas para montarse, pelotas blandas para lanzar y atrapar, columpios para jardín.

# Estimulación del desarrollo psicomotor: de los 25 a los 30 meses

Su hijo sigue aumentando de estatura y peso durante su tercer año. Como consecuencia del proceso de maduración física, muscular y neurológica, progresa enormemente en capacidades motrices como saltar, correr, trepar y columpiarse. Los demás niños despiertan ahora un vivo interés en él; cuando les ve enfrascados en juegos físicos, quiere participar.

**NO PUEDO**

La mayor conciencia social de su hijo puede tener un efecto negativo sobre su autoestima, ya que su confianza puede hundirse cuando comprenda que otros niños son más ágiles que él. Si acude a usted llorando porque no corre tanto como su amigo, tómese en serio sus sentimientos. Para usted quizá sea una trivialidad, pero para su hijo de 2 años es muy importante. Déle un abrazo tranquilizador, consuélele hasta que se calme, dígale que mejorará si sigue esforzándose y recuérdele todas las demás capacidades motrices que ya haya adquirido.

*◄ Ahora que el equilibrio y la coordinación de su hijo son buenos puede concederle más libertad en el parque, pero todavía necesita que le vigilen en todo momento.*

No es que sus iguales ejerzan una gran presión sobre él para que mejore; por el contrario, los niños de su edad raramente comentan sus aptitudes físicas entre ellos.

*▼ Es fácil practicar los saltos con su hijo sujetándole las manos para ayudarle a mantener el equilibrio cuando se levanta del suelo.*

**Sugerencias**

Usted puede estimular a su hijo a ser más activo y atrevido. Demuéstrele cómo mover el cuerpo de maneras que ejerciten sus habilidades para trepar y correr. Si tiene jardín, unos cuantos juegos grandes suponen una gran ayuda. Todas estas estrategias aguzarán su apetito de juego enérgico pero, sobre todo, asegúrese de que su hijo pasa mucho tiempo con otros niños de su edad.

No hay mayor incentivo para aprender –por ejemplo, a correr más deprisa– que el deseo de alcanzar a un amigo que corre más. Lo mismo reza para todas las capacidades motrices: observando a otros niños con capacidades distintas estimulará su determinación de mejorar.

En cambio, su hijo se compara involuntariamente con ellos, valora sus habilidades y las de sus amigos, y eso le llena de deseo de mejorar.

Una de las mejores actividades físicas para mejorar las capacidades motrices de su hijo a esta edad es practicar los saltos, porque para saltar se requiere buen equilibrio, coordinación de los movimientos de brazos y piernas, planificación y fuerza muscular.

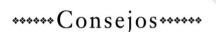
▲ *Cuando los niños juegan, están constantemente en movimiento, buscando, transportando, apartando a manotazos, sacando, todo lo cual «afina» sus capacidades motrices.*

Además, es uno de los juegos que hacen que su hijo se sienta orgulloso cuando consiga impulsarse más lejos o más alto que en intentos anteriores.

Habrá observado que cuando su hijo era más pequeño e intentaba saltar en el aire, era literalmente incapaz de separar los pies del suelo, por mucho que se esforzara, y le miraba con asombro, preguntándose cómo lo conseguía cuando él no. Sin embargo, esto cambia a lo largo del tercer año. Todo parece ocurrir al mismo tiempo cuando consigue elevarse en el aire y aterrizar en el mismo punto. Al principio, la separación entre las plantas de sus pies y el suelo es mínima, pero con el tiempo aumenta progresivamente.

## No olvide la seguridad

Si todavía no tiene, ahora necesitará sin duda puertas para las escaleras de su casa. No obstante, la mayor agilidad de su hijo le permitirá saltárselas pronto, de modo que aun así tendrá que vigilarle.

## ✦✦✦✦✦ Consejos ✦✦✦✦✦

1. **Construya un pequeño obstáculo para que lo salte.** Haga una fila de cubos de madera pequeños a varios centímetros de los pies de su hijo. Pídale que salte por encima. Aunque no pueda y los derribe, es poco probable que tropiece.

2. **Camine con él en lugar de llevarle en el cochecito.** El trayecto suele ser más lento cuando su hijo camina con usted en lugar de ir en su cochecito, pero ejercita mucho más sus capacidades motrices.

3. **Hágale cosquillas.** A los niños les encanta que les hagan cosquillas y su hijo se retorcerá por el suelo para que usted siga o bien huirá para que le persiga. Es una manera divertida de ejercitar sus capacidades motrices.

4. **Pídale que guarde los juguetes en su sitio.** Además de darle un poco de responsabilidad y autonomía, esta tarea cotidiana exige toda clase de movimientos corporales, incluyendo andar, agacharse, mantener el equilibrio y depositar objetos.

5. **Corra con su hijo de la mano.** No caminará con paso firme, pero intentará ir más deprisa si tiene la seguridad de que usted está a su lado para sostenerlo si se cae.

# P reguntas y R espuestas

**P** ¿Por qué la mayoría de los niños prefieren los juegos agotadores al aire libre mientras que las niñas prefieren en general embarcarse en actividades más tranquilas.

**R** Nadie sabe a ciencia cierta la causa de esta diferencia; hay quien afirma que es biológica, mientras que otros lo atribuyen a las expectativas sociales. Sea cual sea la explicación, hay que animar tanto a los niños como a las niñas a realizar actividades lúdicas en las que intervenga el equilibrio, el movimiento y la coordinación. Todos los niños se benefician con estos juegos, con independencia de su sexo.

**P** Mi hija tiene miedo de subir. ¿Debo dejarla igualmente en el tobogán del parque?

**R** Así probablemente sólo la aterrorizaría más. Es mucho mejor estimular la habilidad de subir lentamente empezando con un pequeño obstáculo, como un cojín en el suelo. Después, añada otro cojín al obstáculo, acrecentando gradualmente su confianza con retos más difíciles. Se enfrentará al tobogán cuando esté preparada.

**Juguetes:** alfombra de juegos acolchada, pelota de fútbol mediana, tobogán de jardín con escalera pequeña, juguetes con pedales, cintas de música y vídeos de baile.

# Estimulación del desarrollo psicomotor: de los 31 a los 36 meses

Cuando su hijo se acerque al final de su tercer año de vida, será más ágil, dominará cualquier juego del parque y disfrutará participando en actividades enérgicas con sus amigos. Aun así, todavía tendrá dificultades de vez en cuando: no se sorprenda si le oye gritar cuando llegue hasta lo más alto del tobogán y de pronto se quede petrificado, incapaz de bajar solo.

**ESTOY PERDIENDO LA PACIENCIA**

Su hijo es muy decidido. Su imaginación no conoce límites y por tanto sueña con escalar barreras, lanzar la pelota a gran altura y correr a toda velocidad. Y cuando descubre sus limitaciones físicas, su hijo de 3 años puede estallar de rabia y frustración.

No se preocupe cuando se enfurruñe de este modo. En su lugar, apártele de la actividad que originó su ira y cálmele. Recuérdele que, cuanto más llore, más difícil le será acabar la actividad. Explíquele que a otros niños también les cuesta mucho y sugiérale otra tarea más sencilla.

**Sugerencias**

Su hijo intentará ahora todo lo que tenga relación con el movimiento. Por ejemplo, correr. Echará a correr cada vez que se le presente la ocasión. Usted puede ayudar a mejorar su velocidad, equilibrio y coordinación preparando carreras de obstáculos en miniatura para él. Distribuya tres sillas pequeñas formando un triángulo, separadas unos 5 metros. Proponga a su hijo que corra alrededor de las sillas hasta que vuelva a llegar a la primera. Conseguirá doblar las esquinas sin reducir

mucho la marcha, siempre que se concentre en lo que está haciendo.

Cuando un niño juegue con un juguete con pedales, probablemente sea capaz de pedalear con los pies. Enseñe a su hijo a colocar las plantas de los pies sobre cada pedal y luego a empujar con fuerza para que las ruedas giren. Al principio, probablemente querrá volver a apoyar los pies en el suelo para impulsarse como acostumbraba. Pero si usted le anima, su propia perseverancia le permitirá descubrir que haciendo fuerza sobre los pedales, la bicicleta se mueve. Y en cuanto haga este descubrimiento, no habrá forma de detenerle mientras perfecciona su técnica.

Intente enseñarle a saltar a la pata coja, aunque no debe sorprenderse si esta habilidad está por encima de sus posibilidades en esta etapa. Saltar es un reto complejo que requiere buena coordinación entre ambos hemisferios cerebrales, y su hijo de 3 años simplemente quizá no haya madurado lo suficiente a nivel neurológico para conseguirlo. Pero no hay peligro en intentarlo; quizá se limite a caerse de bruces cada vez.

◄ *Su hijo se sentirá muy complacido consigo mismo cuando aprenda a pedalear con los pies y a maniobrar al mismo tiempo.*

▶ *Este niño de 34 meses extiende los brazos para mantener el equilibrio mientras se sostiene sobre una sola pierna.*

Jugar al aire libre es esencial para el desarrollo de las capacidades motrices de su hijo. Naturalmente, es mucho lo que usted puede hacer con él dentro de casa, donde se puede practicar cualquier actividad física. Pero jugar al aire libre proporciona a su hijo toda la libertad que necesita para experimentar y aprender hasta dónde llega su agilidad.

Un pequeño tobogán y una escalera en el jardín, junto quizá con una palanca de madera y un columpio seguro, le proporcionarán interminables horas de entretenimiento. Se divertirá aún más si usted le lleva a la zona de actividades para los más pequeños del parque, donde además podrá relacionarse con otros niños.

▶ *A su hijo le encanta que usted le balancee. Mientras le sostenga con firmeza y le haga sentirse seguro, este tipo de juego sólo puede aumentar sus capacidades físicas.*

## ✦✦✦✦✦✦ Consejos ✦✦✦✦✦✦

**1. Propóngale juegos de desarrollo psicomotor.** Sitúele de cara a usted y pídale que imite sus gestos. Después realice acciones como inclinarse, levantar la pierna, agitar el brazo, etc. Él intentará imitarlas con cierto éxito.

**2. Utilice el refuerzo positivo.** Es más probable que consiga pedalear en su triciclo, por ejemplo, si sabe que usted le espera al final del pasillo. Aunque esté motivado previamente, los incentivos como un abrazo también le ayudarán.

**3. Organice un desfile.** Ponga una música apropiada y dígale que siga sus pasos por la habitación, moviendo los brazos y las piernas como usted. Se reirá mientras intente coordinar los movimientos para imitar su estilo.

**4. Déjele pasar la maroma.** Probablemente se caerá a menudo, por lo que tendrá que sostenerle la mano mientras avanza. Es una actividad muy difícil para su hijo, pero una buena manera de estimular sus habilidades de equilibrio y movimiento.

**5. Diviértase con su hijo.** Haga lo que haga para aumentar las capacidades motrices de su hijo, asegúrese de que todas las actividades sean divertidas. Si le fuerza demasiado, o si el juego se vuelve demasiado serio, no aprenderá nada nuevo.

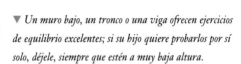

▼ *Un muro bajo, un tronco o una viga ofrecen ejercicios de equilibrio excelentes; si su hijo quiere probarlos por sí solo, déjele, siempre que estén a muy baja altura.*

reguntas Y **R**espuestas

**P** ¿Debo prohibir que jueguen a pelearse porque es muy agresivo?

**R** Los juegos de esta naturaleza pueden parecer agresivos y destructivos, pero no lo son. De hecho, son una forma de juego muy constructiva para un niño, porque desarrollan sus aptitudes físicas y prácticas sociales. Si su hijo y sus amigos se divierten jugando así –y el juego no acaba en lágrimas–, déjele seguir.

**P** Yo soy muy descoordinada y no puedo enseñar mucho a mi hijo sobre cómo moverse. ¿Hay alguna solución?

**R** Los estudios patológicos confirman que, si bien el interés de los padres por las capacidades motrices de su hijo tiene influencia, los niños también aprenden acerca del movimiento jugando con otros niños de su edad. Por eso, esfuércese en orientar las actividades físicas de su hijo y garantizar que tenga oportunidades constantes de pasar tiempo con sus iguales.

🧸🚂 **Juguetes:** triciclo y otros juguetes con pedales, estructura para escalar, columpio, pelotas para lanzar y patear.

# Coordinación

oculomanual

# Desarrollo de la coordinación oculomanual

Aunque su hijo es más activo, móvil y curioso que nunca, también necesita desarrollar la coordinación oculomanual para mejorar su aprendizaje y potenciar su comprensión. Entre los 15 meses y los 3 años de edad, su hijo adquirirá un mayor control de sus manos, lo cual le permitirá manipular objetos pequeños, utilizar mejor los cubiertos y recoger y transportar objetos sin ayuda.

◄ *Durante esta etapa su hijo aprenderá a manipular juguetes más pequeños y complejos.*

Recuerde que la coordinación oculomanual implica también la visión, no sólo los movimientos de los dedos. Al crecer, su hijo ha evolucionado hasta el punto en que su visión y su control manual se combinan eficazmente para poder enfocar la vista en un juguete pequeño que atrae su atención y luego extender la mano para agarrarlo. Los juegos que antes eran demasiado difíciles para él, como los puzzles, ahora despertarán su curiosidad. El desafío de aplicar esta nueva coordinación oculomanual para solucionar puzzles cada vez más complejos cautivará a su hijo.

**Preferencia por una mano**

La preferencia de su hijo por una mano –es decir, si prefiere utilizar la izquierda o la derecha– no era apreciable al nacer, pero empezará a ser evidente entre los 15 meses y los 3 años de edad. Por lo general usará la misma mano para la mayoría de las tareas relacionadas con la manipulación. Los estudios indican que aproximadamente 1 de cada 10 niños y 1 de cada 12 niñas prefiere la mano izquierda; más del 90 por ciento de los niños son evidentemente diestros o zurdos cuando alcanzan la edad escolar.

Los psicólogos no saben con certeza si la preferencia por una mano es innata o aprendida. Existen indicios de que un niño diestro puede tener conexiones cerebrales más amplias con el lado derecho de su cuerpo, lo cual le proporciona un mayor control sobre ese lado en comparación con el izquierdo. Por otra parte, también hay pruebas de que los padres que intentan que sus hijos zurdos utilicen la mano derecha pueden, de hecho, conseguir cambiar la preferencia de mano. Pero, según muchos psicólogos, esta estrategia es muy desaconsejable porque puede crear dificultades más tarde en el desarrollo de la lateralidad y la orientación espacial del niño; además, sólo funciona en algunos casos y es ineficaz si se empieza después del primer año.

Vivimos en un mundo de diestros. La mayoría de los niños utilizan la mano derecha para abrir puertas, recortar con tijeras, dibujar, manipular objetos pequeños, etc. La vida es más difícil para los zurdos; por ejemplo, aprender a escribir es un desafío mayor porque los zurdos tienden a arrastrar la mano sobre lo que escriben o dibujan, tapándolo y a menudo emborronándolo.

◄ *Este niño utiliza la mano derecha para mover un tren de juguete; hacia los 3 años, la mayoría de los padres observarán que su hijo prefiere una mano o la otra.*

No caiga en la tentación de obligar a su hijo a utilizar la mano derecha si su preferencia natural parece ser emplear la izquierda. Esto podría causar dificultades en otras áreas del desarrollo. Hay pruebas de que, debido a que la preferencia por una mano está controlada por el hemisferio que a su vez controla el habla, obligar a un niño zurdo a usar la mano derecha podía crearle dificultades lingüísticas. Por añadidura, presionar a su hijo para que vaya en contra de su preferencia natural conllevará enfrentamientos y frustración, y podría crear un problema donde antes no existía ninguno.

### Habilidad para dibujar

En esta etapa de la vida de su hijo surgen nuevas oportunidades de dibujar. Hasta ahora, daba por supuesto que el papel era algo que se podía arrugar y que las ceras plásticas eran para masticar. La mejor coordinación oculomanual, unida a una capacidad más madura de aprender y comprender, permite a su hijo alcanzar las fases iniciales del dibujo. No importa si lo único que consigue es emborronar el papel. Dibujar añade otra dimensión a su vida y es algo que usted debería propiciar siempre que su hijo muestre interés.

Aparte de ayudarle a mejorar sus habilidades de coordinación oculomanual –y proporcionarle mucha diversión–, dibujar ofrece a su hijo muchos otros beneficios. Por ejemplo, le permite practicar trazos de distintas formas y grosores, y aumenta su capacidad de reconocimiento de patrones, que será extremadamente importante más tarde, a la hora de aprender a leer. Además, puede tener un efecto muy positivo en su autoestima. Cuando vea sus dibujos colgados de la pared de su casa, se sentirá muy orgulloso.

Dibujar también es una buena manera de expresar los sentimientos. Usted sólo tiene que observarle garabatear furiosamente sobre una hoja de papel para saber que está totalmente enfrascado en esa actividad. Puede dibujar lo que quiera, utilizar los colores como mejor le parezca y disfrutar de esta actividad tanto tiempo como quiera. Es una forma genial de liberación emocional.

### Tratar con la frustración

Usted sabe por la experiencia de, pongamos, intentar enhebrar una aguja o tratar de coser un botón, que las actividades que implican coordinación oculomanual

*▲ A los 2 años, este niño sabe cómo quitar la tapa del tarro pero aún no tiene la coordinación ni la fuerza necesarias para hacerlo.*

pueden ser muy frustrantes cuando no salen según lo planeado.

Su hijo se siente igual cuando esa fastidiosa última pieza del rompecabezas no encaja o cuando la tapa no cede pese a todos los esfuerzos por abrirla. Calme a su hijo y luego enséñele a completar la actividad de una manera metódica y relajada.

*▼ La incapacidad de manipular su manta como querría conduce a la frustración a este niño de 18 meses. Esta emoción puede ser muy común en esta etapa del desarrollo de un niño.*

# Coordinación oculomanual

| Edad | Capacidad |
|------|-----------|
| **15-18 meses** | El control manual de su hijo se ha ampliado significativamente y es probable que ya pueda sujetar dos objetos al mismo tiempo, uno en cada mano. |
| | Ve la relación entre los movimientos de sus manos y el entorno inmediato y reconoce que él tiene cierto control sobre sus propios actos. |
| | Le encanta garabatear el papel con lápices de colores o pinturas plásticas, y embadurnará alegremente hoja tras hoja. |
| **19-21 meses** | Disfruta enormemente jugando con pelotas, grandes y pequeñas, y tratando de hacerlas rodar, lanzarlas e incluso atraparlas. |
| | Es capaz de apilar cubos de madera pequeños uno encima de otro hasta hacer una torre bastante alta que no se desmorona. |
| | A su hijo le entusiasma jugar en el agua y puede vaciar el contenido de un recipiente dentro de otro sin derramar demasiado líquido. |
| **22-24 meses** | Encuentra un gran placer en mirar libros con usted y se siente satisfecho sentándose unos minutos a estudiar cada ilustración y volver las páginas. |
| | Su mayor coordinación oculomanual le hace desear ayudar a vestirse y desvestirse. Cuando más le anime usted, más se aficionará a hacerlo. |

# De los 15 meses a los 3 años

## Qué hacer

Siente a su hijo en una posición cómoda. Ponga dos juguetes pequeños en su mano izquierda e inmediatamente otros dos en la derecha; sujetará los cuatro con ambas manos durante varios segundos.

Siente a su hijo en el suelo con una toallita desplegada ante él de modo que una esquina quede cerca de su mano. Deposite un juguete pequeño sobre la otra esquina de la toalla y pídale al niño que lo recoja; comprobará que tira de la esquina de la toalla más próxima a su mano para acercarse el juguete.

Asegúrese de que tiene fácil acceso a mucho papel y ceras plásticas (de las cortas y gruesas, fáciles de manejar por las manos pequeñas) para que pueda dibujar siempre que quiera. También puede dejarle pintar con los dedos; esta actividad puede provocar mucho desorden, pero a él le encantará. Hágale ver que a usted le interesa mucho el resultado.

Durante esta actividad, su hijo puede estar sentado o de pie. Póngale en la mano una pelota de plástico ligera de tamaño mediano –para que la sujete con firmeza frente a sí– y pídale que la lance. Intentará hacerlo aunque salga despedida en cualquier dirección.

Siente a su hijo a la mesa. Deje cerca varios cubos de madera pequeños y pídale que construya una torre. (Demuéstrele cómo si le ve inseguro.) Con un poco de práctica, podrá erigir una torre de cinco o más pisos que no se desplome.

Dé a su hijo un vaso de plástico vacío y otro medio lleno de agua. Pídale que vierta el agua del vaso medio lleno al vacío. Probablemente conseguirá hacerlo sin derramar una gota.

Elija un libro infantil diseñado para soportar el duro trato de un niño pequeño. Siéntese junto a su hijo o colóqueselo sobre su regazo. Deje que sostenga el libro. Después mire con él las ilustraciones de cada página. Él señalará las imágenes que reconozca.

Cuando se acerque la hora del baño, diga a su hijo de 2 años que le gustaría que le ayudara a desvestirle. No podrá con las cremalleras, pero probablemente será capaz de quitarse solo algunas prendas, como los calcetines y posiblemente las camisetas holgadas.

# Coordinación oculomanual

| Edad | Capacidad |
|------|-----------|
| | Tiene el movimiento de pinza bien controlado; en otras palabras, puede coordinar eficazmente los dedos índice y pulgar para agarrar objetos pequeños. |
| 25-30 meses | Enhebrar cuentas es una actividad que puede despertar su interés porque le concede la oportunidad de practicar su mejor coordinación oculomanual. |
| | Su confianza ha aumentado y ahora es capaz de realizar muchas más tareas que requieren buen control manual, como pintar y dibujar. |
| | Puede jugar con juegos de construcción y que consten de piezas distintas que deben unirse de un modo determinado para que encajen bien. |
| 31-36 meses | Empieza a ser capaz de recortar papel con unas tijeras, aunque quizá le resulte difícil. Necesita los ánimos de los adultos, sin los cuales podría rendirse con demasiada facilidad. |
| | Su control del lápiz ha aumentado y sus dibujos son menos aleatorios. Normalmente se reconoce lo que intentaba representar. |
| | A su hijo le gusta ayudar en la casa, a veces simplemente imitándole y a veces realizando efectivamente una tarea práctica por usted. |

# De los 15 meses a los 3 años

**Qué hacer**

Deje un juguete frente a su hijo y pídale que lo recoja. Si antes hubiera intentado acercárselo con la palma de la mano, ahora intentará utilizar los dedos índice y pulgar. Lo hace lentamente y a veces se pone nervioso si se le escurre de entre los dedos.

Compre cuentas de collar grandes y un poco de cordel. (No pierda de vista a su hijo cuando juegue con las cuentas por si se le ocurre metérselas en la boca.) El pequeño pronto dominará la técnica de enhebrar el cordel.

Cuando le dé un lápiz y papel, comprobará que sujeta el lápiz con la mano de una manera más madura. En lugar de aferrarlo con la palma de la mano, lo sostiene firmemente con tres o cuatro dedos y no tiene dificultad en dejar un trazo deliberado sobre el papel.

Déjele jugar con varios tipos de cubos de plástico que encajen unos con otros; se divertirá creando distintas formas. Más tarde, pídale que construya una torre con cubos de madera pequeños. A esta edad, puede erigir una torre estable de quizá siete u ocho pisos de altura.

Compre unas tijeras infantiles, con ojos apropiados para manos pequeñas y fundas protectoras en los filos para reducir al mínimo el riesgo de daños. Con la práctica y su apoyo, su hijo aprenderá a sujetar las tijeras adecuadamente y a utilizarlas para recortar un trozo de papel.

Además de dejarle dibujar libremente, propóngale que dibuje determinadas formas. Por ejemplo, trace un círculo en un papel y pídale a su hijo que lo reproduzca: se esforzará por copiar la forma, aunque los extremos del círculo quizá no se unan.

Aproveche su interés por las tareas domésticas para consolidar su coordinación oculomanual. Por ejemplo, su control manual ya es bastante bueno para permitirle sacudir el polvo de la mesa, guardar los juguetes en sus cajas e incluso dejar los cubiertos sobre la mesa antes de las comidas.

# Estimulación de la coordinación oculomanual: de los 15 a los 18 meses

Su hijo puede hacer muchas más cosas solo. Puede corretear, ir donde se le antoje, y eso significa que sus manitas exploran todos los lugares que usted preferiría que dejaran en paz, como enchufes eléctricos, ranuras de aparatos de vídeo y el interior de los armarios. Es imprescindible no quitarle el ojo de encima en ningún momento.

▶ *Pintar con los dedos es un medio maravilloso para estimular el uso de los dedos y una fuente de diversión enorme para su hijo.*

### EQUILIBRAR LA SEGURIDAD CON EL DESAFÍO

Ahora que su hijo se siente más confiado en su control manual, disfruta manipulando objetos pequeños. Por eso las cremalleras, los botones minúsculos, los alfileres caídos al suelo, las cuentas de madera pequeñas, las migas de comida seca que encuentra, todo le resulta fascinante. Quiere tocarlo todo y explorarlo, y tal vez incluso llevárselo a la boca.

Necesita este tipo de experiencia directa para desarrollar su coordinación oculomanual más aún, pero corre el riesgo de hacerse daño si nadie le vigila. Usted tiene que equilibrar su preocupación por la seguridad con la necesidad de su hijo de contar con distintas oportunidades de jugar. Así, mantenga todos los objetos afilados fuera de su alcance y vigílele de cerca cuando juegue.

### Sugerencias

Ofrézcale un puzzle de tablero que contenga distintas formas troqueladas, que su hijo tendrá que encajar en los huecos correctos. Disfrutará mucho dedicándole tiempo, pero recuerde que para él es extremadamente difícil y quizá se frustre cuando las piezas no encajen a su gusto. No pase de los puzzles de tablero con figuras geométricas de vivos colores, como círculos, triángulos y cuadrados. Los de formas irregulares probablemente sean demasiado exigentes para esta edad.

Asegúrese de que su hijo tiene mucho papel y lápices de colores a mano. Dibujar es una de las actividades que jamás le cansará porque le permite crear algo nuevo cada vez. Anímele a sentarse a una mesa

pequeña mientras dibuja para que se sienta cómodo y relajado. En esta etapa será imposible descifrar sus dibujos, aunque él insista en que ha dibujado, por ejemplo, una casa o un perro. No critique sus obras, de lo contrario perderá interés por el dibujo rápidamente.

A esta edad, quizá le guste participar en la labor de vestirse y desnudarse.

◀ *A estas alturas, su hijo entiende bastante bien para qué sirven distintos utensilios y herramientas y disfruta jugando con las versiones de juguete.*

◀ *Deje que su hijo participe en las operaciones de vestirse y desvestirse, aunque necesite un poco de ayuda.*

Por ejemplo, cuando usted se acerque con una camiseta, quizá extienda los brazos con antelación. O tal vez intente quitarse los calcetines. Tenga en cuenta que la ambición de su hijo sobrepasa su capacidad: quizá se lo encuentre llorando un día, con la camiseta atascada a medio camino al pasársela por la cabeza y forcejeando para quitársela del todo. Exprésele su aprobación cuando intente ayudar así, pero tranquilícele y apóyele cuando convenga.

Lo mismo puede decirse de la alimentación, sea entre horas o en las comidas establecidas. Su resolución de hacerlo todo por sí mismo implica que a la hora de comer insista en usar la cuchara para comer solo. Su control manual aún no está completamente desarrollado y parte de la comida aterriza en el suelo o sobre la mesa. Prepárese para cierto grado de estropicio y déjele practicar todos los días.

▲ *Los puzzles de tablero sencillos son adecuados para este grupo de edad, aunque conviene que usted esté cerca para echar una mano.*

## ❖❖❖❖❖ Consejos ❖❖❖❖❖

**1. Procure que esté tranquilo.** Si su hijo rompe a llorar cuando, por ejemplo, no puede atrapar un trocito de comida de su plato, en primer lugar, cálmele. Su coordinación oculomanual se reduce cuando está alterado. Cuando esté tranquilo, anímele a intentarlo de nuevo, pero esta vez más despacio.

**2. Disponga una zona especial para exhibir sus dibujos.** No hay mejor manera de expresar admiración por el talento artístico de un niño que exponer su obra en un lugar destacado de su casa. Se puede reservar una zona de la pared de la cocina únicamente para este propósito.

**3. No fuerce la preferencia por una mano.** A estas alturas, su hijo probablemente prefiera usar siempre la misma mano para las tareas que requieran cierta coordinación oculomanual. Deje que este aspecto se desarrolle de forma natural. En cualquier caso, nunca fuerce a un niño zurdo a utilizar la mano derecha.

**4. Haga rodar una pelota por el suelo.** Siéntese en el suelo a unos metros de su hijo y haga rodar una pelota hacia él; cuando la atrape con firmeza, pídale que se la devuelva, también rodando. Aunque para usted sea fácil, es un reto para él: sea paciente.

**5. Juegue a juegos de palmadas.** Su hijo ya es capaz de dar palmadas, pero usted puede animarle a aplaudir más a menudo. Por ejemplo, dé una palmada con ambas manos y luego otra al cabo de un segundo. Pídale que imite su acción. Aplaudir al ritmo de la música también es una buena práctica.

## P̲reguntas Y R̲espuestas

**P** Mi hija no parece entender cómo funcionan los juguetes de causa y efecto. ¿Qué debo hacer para animarla?

**R** Quizá ocurra que su coordinación oculomanual simplemente no es todavía lo bastante buena para manejar los juguetes que usted le ofrece. Compruebe que hayan sido diseñados para su grupo de edad. Si no entiende cómo hacer funcionar un juguete, demuéstrele usted lo que puede hacer con él. Quizá tenga que repetir varias veces la demostración.

**P** ¿A mi hija le conviene más jugar con pelotas grandes o pequeñas?

**R** Necesita una gama de tamaños. Los distintos tamaños le obligan a utilizar diferentes capacidades visuales y manuales. Una pelota pequeña le ayuda a fortalecer su prensión porque puede sujetarla con una sola mano. Una pelota más grande le exige coordinar ambas manos para atraparla.

🧸🚂 **Juguetes:** puzzles de tablero con piezas provistas de asas, pelotas blandas de distintos tamaños, cubos de construcción que encajen unos con otros.

# Estimulación de la coordinación oculomanual: de los 19 a los 21 meses

La capacidad de mantener la atención durante más tiempo permitirá a su hijo afrontar retos de coordinación oculomanual más complejos. En ocasiones estará totalmente absorto con, por ejemplo, comerse algo de un plato o encajando las piezas de un juguete; su rostro será un ejemplo de concentración mientras persista en su intento de completar la actividad. La mayor confianza de su hijo le motivará para esforzarse más en juegos y puzzles más difíciles.

## LA PRÁCTICA CONDUCE A LA PERFECCIÓN

Al niño de esta edad es habitual que le guste que las cosas salgan bien a la primera. Y si no lo consigue, pueden seguir las rabietas y el llanto. Esto se trasluce a menudo en actividades que requieren una buena coordinación oculomanual, porque exigen concentración y paciencia para realizar movimientos precisos con las manos. Cuando la pieza del puzzle no encaja inmediatamente, su hijo puede acabar arrojándola a la otra punta de la habitación.

Anímele a practicar una y otra vez con cualquier tarea que requiera coordinación oculomanual y le resulte particularmente difícil. Explíquele que todo el mundo aprende poco a poco y que cuanto más lo intente, más fácil le resultará.

### Sugerencias

Por naturaleza, su hijo tiende a jugar con los juguetes que puede manejar sin grandes dificultades. Por ejemplo, jugará con puzzles de tablero que ya domine, aunque no supongan ningún reto. Quizá tenga usted que animarle a probar con nuevos juguetes y puzzles si prefiere la familiaridad a la novedad.

▶ *Su hijo observará todo lo que usted hace y quizá imite acciones muy elaboradas.*

◀ *A los 18 meses, la mayoría de los niños pueden construir una torre pequeña de ladrillos y disfrutan jugando con bloques de construcción.*

En cuanto evalúe su capacidad de coordinación oculomanual, cómprele un puzzle de tablero que le cueste completar, pero no demasiado. Si lo deja de lado al principio, siéntese con él y propóngale montarlo juntos.

A su hijo le resultará fácil concentrarse en una actividad que implique buena coordinación oculomanual cuando tenga pocas distracciones visuales. Sugiérale que despeje la habitación de juguetes antes de sacar uno nuevo.

Si sólo hay un juguete en su campo visual inmediato, aumentará la probabilidad de que complete la tarea. Elógiele mucho cuando insista hasta lograrlo.

Es normal que lo toque todo, tanto con permiso como sin él. Es un signo de su curiosidad natural y probablemente lo mejor es abordarlo con una actitud firme pero relajada. Dígale lo que puede o no tocar de la casa y explíquele por qué; su hijo está en una edad en que empieza a entender las explicaciones.

Haga lo mismo cuando vaya de visita a otra casa: explíquele antes que no debe tocar los objetos

▲ *Los niños de esta edad están dispuestos a explorar distintas texturas, como la de la arena y el agua.*

de la casa y recuérdeselo otra vez si es necesario cuando esté allí. Pero no se extrañe si él intenta forzar las normas. No hay que perderle de vista para evitar los posibles riesgos.

Si puede, déjele jugar con una bandeja de arena y agua. Mezcle la arena con la cantidad de agua fría necesaria para crear una textura firme; si la diluye demasiado, no se podrá hacer gran cosa con ella. Ensuciarse las manos con esta mezcla es una actividad lúdica muy beneficiosa para desarrollar su coordinación oculomanual. Puede estrujar la arena mojada entre sus dedos, construir formas con ella o incluso dibujar en su superficie alisada.

▼ *La plastilina o la arcilla ayudan a desarrollar una buena coordinación oculomanual y despiertan la imaginación de su hijo.*

## ◆◆◆◆◆◆Consejos◆◆◆◆◆◆

**1. Resista la tentación de comparar a su hijo con otros niños.** Desarrollará la coordinación oculomanual a su propio ritmo. Quizá conozca a otros niños de su edad que poseen un mejor control que él, pero las comparaciones sólo provocarán ansiedad en usted y mermarán su confianza en sí mismo.

**2. Ofrézcale pasta para modelar.** Será capaz de modelar las formas que quiera en arcilla o plastilina y si no le gusta lo que ha hecho, lo aplastará y volverá a empezar. Mientras no se seque, la arcilla puede reutilizarse muchas veces.

**3. Hágale mover los dedos.** Demuéstrele cómo extiende las manos con los dedos muy separados y agítelos en el aire. Su hijo intentará imitar sus movimientos, aunque descubrirá que no puede mover los dedos de una manera tan coordinada como usted.

**4. Juegue al «veo, veo».** Nombre objetos específicos de la habitación y pida a su hijo que los señale. Él inspeccionará la estancia, identificará el objeto que usted ha nombrado y lo señalará con el dedo. Estos juegos de observación son muy divertidos.

**5. Utilice productos cotidianos.** Su coordinación oculomanual sale ganando cuando él juega con estos objetos. La pasta seca, por ejemplo, puede distribuirse siguiendo muchos esquemas distintos, y la harina combina bien con el agua formando una mezcla pegajosa que él puede manipular.

## P*reguntas* y R*espuestas*

**P** ¿Por qué le tiembla la mano a mi hijo cuando se concentra en introducir figuras en los huecos correctos?

**R** Es normal que ocurra en el transcurso de una actividad que exige mucha concentración. Tiene un deseo tan fuerte de encajar la figura en el hueco que los músculos de su brazo empiezan a tensarse y su mano entera se pone a temblar. Deja de temblar en cuanto se relaja.

**P** Mi hijo no me deja ayudarle cuando forcejea para desvestirse. ¿Qué debo hacer?

**R** Aunque no le permita echarle una mano, sí puede hablar con él y darle instrucciones útiles (por ejemplo: «Quítate primero un calcetín, no los dos a la vez»). En cuanto empiece a escuchar sus comentarios estará más dispuesto a aceptar ayuda práctica.

**Juguetes:** juego de anillas o botes apilables, muñeco con botones y cremalleras en la ropa, bloques de construcción de diversos tamaños y formas.

# Estimulación de la coordinación oculomanual: de los 22 a los 24 meses

A medida que se acerque al final de su segundo año, su hijo sentirá una gran fascinación por otros niños de su edad. Aunque todavía no juegue de un modo cooperativo, observará atentamente a sus iguales y tratará de imitar su estilo de juego. Esto puede servirle de incentivo para jugar con objetos y juegos que antes no le interesaban demasiado.

### Sugerencias

Siempre que sea posible, procure que su hijo juegue con otros niños de su edad; sus acciones le motivan y aprende de ellas. Por ejemplo, si ve a otro niño de 2 años jugando con bloques de construcción, probablemente querrá hacer lo mismo, aunque no le interesen esos juguetes cuando esté solo. La atracción del ejemplo de sus iguales le estimula a desarrollar nuevas habilidades de coordinación oculomanual. Por otra parte, su desarrollo social aún tiene que recorrer un largo camino y ahora quizá se limite a arrebatarle el juguete a otro niño sin pedírselo.

Es un buen momento para desarrollar su capacidad de entregar y aceptar objetos en mano.

Su control manual ya está bastante evolucionado

▲ *Entregar objetos a otra persona de mano en mano es algo que ahora ya puede hacer.*

para que pueda recoger un objeto, dárselo a alguien y soltarlo después. También puede realizar la operación contraria. Practique con él usando, por ejemplo, una cuchara de plástico o un juguete pequeño. Al principio puede caérsele de las manos en el momento del intercambio, pero su habilidad mejorará progresivamente.

▶ *Los niños de esta edad no juegan a menudo de modo cooperativo, pero inconscientemente asimilan nuevas habilidades observándose y copiándose mutuamente.*

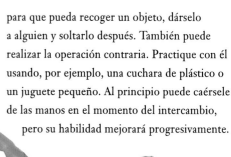

▲ *Su hijo utilizará
los instrumentos musicales
de una manera menos casual y más
controlada, ¡aunque por el sonido no lo parezca!*

Su hijo empieza a gozar con los instrumentos musicales. Antes tenía que esforzarse mucho para golpear un tambor de juguete con una baqueta de plástico o para hacer sonar una pandereta de un modo coordinado; ahora, sin embargo, su mayor control manual le permitirá utilizar de una forma más planificada los instrumentos musicales de juguete. Déle una gama de estos juguetes y déjele jugar libremente con ellos para que descubra sus posibilidades. Anímele a tocarlos mientras escucha música. Se divertirá mucho oyendo la «música» que cree él a su vez.

Cuando se sienta cómodo con los instrumentos, pídale que toque el tambor mientras usted canta una canción. Enséñele a sujetar firmemente la baqueta por el extremo y empiece a cantar. Al principio sus golpes en el tambor probablemente serán más aleatorios que rítmicos, pero su habilidad aumentará con la práctica. Usted puede ayudarle subiendo y bajando la mano cada vez que deba sonar el tambor. Tenga paciencia: mover la mano al compás de la música es difícil y su hijo no logrará dominar apropiadamente esta habilidad hasta mucho más tarde.

▼ *Si deja elegir a su hijo la ropa que va a ponerse,
aumentará su deseo de vestirse solo.*

# ❖❖❖❖❖❖ Consejos ❖❖❖❖❖❖

**1. Déjele elegir algunas prendas de ropa.**
Se entusiasmará más con intentar vestirse y desnudarse si ha elegido él las prendas que llevará. Si al principio duda, ayúdele a escoger.

**2. Anímele a ordenar y a limpiar.** Por ejemplo, cuando termine de comer, puede llevar su plato y sus cubiertos al fregadero. Recuérdele que es más fácil llevar un sólo artículo cada vez.

**3. Proporciónele libros para colorear.** Aún no conseguirá pintar con los lápices de colores sin salirse de la línea, pero le servirá de práctica inicial para las habilidades de escritura. A esta edad apenas garabatea con amplios trazos sinuosos.

**4. Permítale abrir las puertas.** Si es lo bastante alto para alcanzar el tirador de la puerta, muéstrele cómo hacerlo girar y luego cómo tirar para que se abra la puerta. Supervísele al principio, ya que puede desequilibrarse cuando la puerta ceda.

**5. Regálele un teléfono de juguete con dial para marcar.** Para hacer girar el dial, su hijo tiene que introducir un dedo en el agujero y luego girar toda la mano lentamente. Esto requiere una buena coordinación oculomanual y mucha paciencia.

# Preguntas y Respuestas

**P** Mi hija no se rinde cuando no consigue acabar un puzzle, aunque se enfade. ¿Qué debo hacer?

**R** Propóngale dejar temporalmente el reto que la trastorna y volver a probarlo más tarde, cuando esté más calmada. Si la ve abrumarse, distráigala con otra actividad –por ejemplo, ofrézcale un jugo– y después permítale reanudar la actividad.

**P** ¿Por qué mi hija se cae a menudo cuando se agacha para recoger algo del suelo con los dedos en pinza?

**R** Recoger algo del suelo exige coordinación oculomanual y equilibrio al mismo tiempo, y eso puede resultar excesivo para ella. Al dedicar toda su concentración a coordinar los movimientos del pulgar y el índice disminuye su atención hacia el equilibrio y por eso se cae.

🧸🚂 **Juguetes:** instrumentos musicales de juguete, puzzles, tablero perforado con tachuelas grandes, barriles que se alojan unos dentro de otros enroscándolos.

# Estimulación de la coordinación oculomanual: de los 25 a los 30 meses

Su hijo está desarrollando una noción del yo más definida; en otras palabras, comprende mejor sus propias capacidades, lo que puede o no hacer, y decide utilizar su talento como mejor le parece.

Su mejor coordinación oculomanual, por ejemplo, le permite ser más independiente, recoger y manipular objetos sin tener que pedir ayuda. Disfrutará enormemente con esta recién adquirida libertad.

**ASPECTOS NEGATIVOS DEL CONTROL MANUAL**

Cuando se enfurece, un niño siente la tentación de golpear la causa de su irritación, ya sea su hermano, su hermana o sus padres. Sin pensar en lo que hace, levanta la mano impulsivamente y aporrea el objeto de su ira. Este mal uso de las habilidades manuales es totalmente inaceptable y debe controlarse siempre.

Asegúrese de que su hijo comprende que usted reprueba su agresión, explíquele que debe expresar su desagrado de palabra, no físicamente, y pídale que piense cómo se sentiría si alguien le pegase a él así. Probablemente tendrá que repetírselo una y otra vez hasta que aprenda a controlar mejor sus impulsos.

**Sugerencias**

Su hijo intentará de vez en cuando imponer sus ideas a otros miembros de la familia, quieran o no. Por ejemplo, si quiere que le lean un libro, lo buscará, lo encontrará, se lo llevará a un adulto y lo dejará en su regazo; si cree que es hora de comer algo especial, irá a la alacena, elegirá el producto y se lo ofrecerá. No obstante, su mayor aplomo deriva de sus habilidades en desarrollo, no de ningún rasgo de carácter subyacente. Pero usted probablemente también necesite aplomo para asegurarse de que no acabe mandando él.

▲ *Las habilidades manuales de su hijo se desarrollan constantemente y pronto será notorio cuánto ha mejorado resolviendo puzzles y construyendo torres.*

Invítele a abrir paquetes para usted. Puede ser desde una bolsa de plástico con comida, un envoltorio sellado o un tarro con tapa de rosca. Su coordinación oculomanual se ha desarrollado lo suficiente para que pueda resolver muchos de estos retos manuales. Utilice acontecimientos de su rutina diaria, como sacar una rebanada de pan del envoltorio o abrir la caja de cereales para el desayuno. Si resulta demasiado arduo para su hijo, abra a medias el envase para que él termine el trabajo.

◀ *Los niños de más de 2 años poseen la destreza necesaria para abrir cajas, envoltorios y envases con tapa de rosca.*

▲ *Dibujar es ahora un proceso más controlado y su hijo ya puede copiar formas simples.*

## ◦◦◦◦◦◦ Consejos ◦◦◦◦◦◦

**1. Enséñele a hacer galletas.** Su hijo disfrutará mezclando la masa, amasándola sobre la mesa y cortándola en figuritas. Observe su rostro cuando vea sus propias obras salir del horno. Él querrá que las pruebe toda la familia.

**2. Demuéstrele cómo se usan los cubiertos.** Ya utiliza la cuchara, pero intente enseñarle a comer con un cubierto en cada mano. Empiece con el tenedor y la cuchara. Tardará tiempo en aprender.

**3. Déle material de dibujo variado.** Compre una gama de lápices y ceras de colores y papeles para que su hijo pueda elegir a la hora de realizar actividades creativas. Anímele a variar el material que selecciona.

**4. Alabe su independencia.** Cada nueva adquisición de independencia le llenará de orgullo y estimulará su confianza en sí mismo, en especial cuando sepa que a usted le complace. Así, por ejemplo, déle un fuerte abrazo cuando consiga vestirse solo más o menos bien.

**5. Cómprele un juego de herramientas de juguete.** Además de desarrollar el juego imaginativo, mejorará su control manual jugando a los oficios con herramientas de plástico. Acciones como serrar, clavar clavos con el martillo o hacer girar el destornillador son prácticas de coordinación excelentes.

Practique con él las operaciones de abrochar y desabrochar botones. En lugar de usar su ropa, recorte un cuadrado de tela y cósale botones grandes, separados entre sí un mínimo de 2 centímetros. En otro trozo de tela recorte tres grandes ojales, espaciados a la misma distancia que los botones de la otra tela. Ya dispone de todo el equipo necesario para que su hijo mejore sus habilidades con los botones. Al principio debería intentar abrochar uno solo, pero cuando sepa hacerlo propóngale que abroche dos y luego tres.

La maduración de las habilidades de dibujo de su hijo le capacita para copiar formas con precisión. Ante su mirada, dibuje una línea vertical en una hoja de papel en blanco y pídale que dibuje otra igual. Su línea no será recta, pero sí nítida y estará orientada correctamente.

▼ *Cocinar es una gran oportunidad de practicar toda una gama de destrezas manuales para su hijo, y preparar algún plato le proporciona una gran sensación de triunfo.*

## P reguntas Y R espuestas

**P** Mi hijo de 30 meses está obsesionado con vestir y desvestir muñecas. ¿Es normal?

**R** Sí. Los niños de esta edad suelen prendarse de un muñeco en particular. El suyo ha centrado su atención en jugar con muñecas porque su control manual se ha desarrollado hasta el punto de conseguir lo que se propone cada vez. Anímele a jugar también con otros juguetes.

**P** ¿Cuántas piezas debería colocar en un puzzle de tablero un niño de 2 años y medio?

**R** Por regla general, puede esperarse que un niño de esta edad resuelva un puzzle de tablero de tres o cuatro piezas. La dificultad de estos puzzles varía según la complejidad de la forma de las piezas: las grandes e irregulares son más difíciles de encajar que las pequeñas y regulares.

🧸🚚 **Juguetes:** cuentas para enhebrar y cordeles, cajas con tapa, cubos de construcción, puzzles troquelados, cochecitos, polichinelas de dedos.

# Estimulación de la coordinación oculomanual: de los 31 a los 36 meses

A medida que se acerque el final del tercer año, el control manual de su hijo evolucionará muy rápido. Muchas de las actividades que antes estaban fuera de sus posibilidades estarán ahora dentro de sus capacidades. Por ejemplo, su habilidad de sostener un vaso, usar los cubiertos, recoger y transportar objetos y su competencia a la hora de vestirse, todo ayuda a que confíe más en sí mismo.

### DE LOS PUZZLES DE TABLERO A LOS TROQUELADOS

A esta edad, su hijo está preparado para pasar de los puzzles de tablero a los troquelados, aunque la transición es todo un reto. A diferencia de los puzzles de tablero, los troquelados no tienen un marco externo para guiarse. Las piezas pueden encajar en cualquier parte y orientadas en cualquier dirección, por lo que hay más combinaciones posibles que con las piezas de un puzzle de tablero.

Para empezar, compre un puzzle troquelado de sólo dos piezas, una con un dibujo claramente identificable. El dibujo, más que la forma de las piezas, será lo que guíe a su hijo. Cuando sepa resolver el de dos piezas, pase a otro de tres, luego de cuatro, y así sucesivamente. Vaya aumentando progresivamente el grado de dificultad.

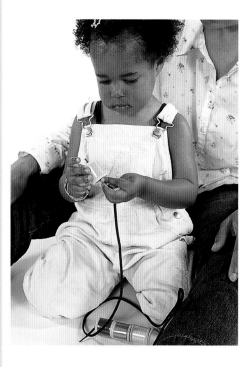

*Esta niña de 32 meses está completamente absorta en enhebrar carretes de hilo en un cordel.*

(puede adquirirlo en una papelería o juguetería) y prepárase para soportar cierto desorden.

Tendrá usted que guiarle hasta que adquiera más destreza con las tijeras. Recortar es una tarea compleja que requiere un gran control manual que se tarda en adquirir, por lo que su hijo necesitará todo el apoyo posible. Compre tijeras de seguridad diseñadas para niños en una buena juguetería o papelería.

Sus dibujos también son cada vez más interesantes.

### Sugerencias

La coordinación oculomanual de su hijo ha alcanzado el punto en que es capaz de realizar manualidades cada vez más variadas e interesantes. Le encanta recortar trocitos de papel con las tijeras –aunque le siga costando mucho– y luego pegar los trozos sobre una hoja de papel distribuidos aleatoriamente. Utilice pegamento para papel adecuado para niños

*Recortar y pegar es todo un reto, pero muy divertido.*

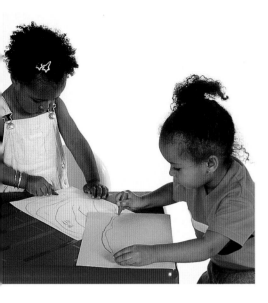

◄ *A esta edad, los niños empiezan a dibujar las personas o los objetos que ven a su alrededor y los elementos de esos dibujos empiezan a ser reconocibles.*

Su hijo probablemente haya disfrutado siempre dibujando personas, pero apenas eran reconocibles. Ahora empezarán a ser más exactas e identificables. Observará que la cabeza de la persona que ha dibujado es desproporcionadamente grande y las piernas son como palitos que sobresalen de la parte inferior; los niños de 3 años y medio suelen pasar por alto el cuerpo por completo, excepto quizá con un par de puntos a lápiz para representar los ojos.

Motive a su hijo a utilizar su coordinación oculomanual deliberadamente para mejorar su vida cotidiana. Por ejemplo, ya es probable que esté limpio y seco durante el día. Con su grado de control manual, debería ser capaz de vestirse y desvestirse para ir al lavabo; se quedará encantado cuando usted le diga que ya es como un niño mayor. También es un buen momento para enseñarle a lavarse las manos después de ir al servicio. Los grifos quizá vayan demasiado duros para que los gire, pero anímele a intentarlo de todos modos. Muéstrele cómo frotarse las manos bajo el agua corriente y a secárselas con la toalla.

▼ *Al acercarse a los 3 años de edad, a los niños les estimula mucho reunirse con otros niños y jugar con distintos juguetes en la guardería o el grupo de juego.*

## ·······Consejos·······

**1. Déle tiempo.** Ahora que intenta juegos y actividades de coordinación oculomanual más complejos, necesita mucho tiempo para relajarse y concentrarse en ellos. Déjele continuar hasta que alcance su meta y no caiga en la tentación de apremiarle.

**2. Planifique las salidas.** Su hijo tardará más en aprender a ir al baño si usted no le ayuda. Esto puede ser frustrante si tenía prisa por salir. No socave la confianza de su hijo haciéndole ir deprisa, pero pídale que vaya al lavabo mucho antes del momento de salir.

**3. Anímele a precisar más con los colores.** Señale a su hijo cómo los trazos de los lápices de colores sobrepasan los contornos negros. Sugiérale que intente no salirse de la línea coloreando más despacio.

**4. Asígnele responsabilidades.** Le encantará participar en la rutina doméstica, como encargarse de sacudir las migas de la mesa o barrer una alfombra con una escoba pequeña. Su control manual le permitirá completar estas tareas si lo intenta.

**5. Llévele a un jardín de infancia, guardería o grupo de juego.** Se beneficiará de la relación con otros niños, de jugar con ellos de maneras novedosas y de acceder a una nueva gama de juguetes.

# P reguntas Y R espuestas

**P** Mi hija de 3 años tiene una buena coordinación oculomanual pero prefiere que sea yo quien busque y traiga las cosas. ¿Cómo puedo cambiar esta actitud?

**R** Resístase a realizar tareas que sabe que ella es capaz de hacer. Con el tiempo, su deseo por el juguete o la galleta será tan fuerte que intentará conseguirlos activamente. Y cuando lo haga, refuerce su conducta diciéndole lo feliz que está al ver que lo ha hecho sola.

**P** ¿Cuántos cubos de madera puede apilar un niño de esta edad para construir una torre?

**R** Los niños de 3 años pueden construir una torre de nueve o diez pisos. Pero una pata de la mesa inestable o un tablero resbaladizo pueden hacerle caer antes de esa altura. No se preocupe si sólo consigue erigir una torre de siete u ocho.

🧸🚚 **Juguetes:** servicio de té de plástico, material de manualidades, animales de granja de juguete, muñecos articulados, tren de plástico o de madera con sus vías.

# Aptitudes

# lingüísticas

# Desarrollo de las aptitudes lingüísticas

Si le asombró el desarrollo del lenguaje de su bebé durante el primer año –cuando pasó de ser un bebé que sólo sabía llorar a ser alguien capaz de decir su primera palabra–, se entusiasmará con la explosión lingüística que se producirá a partir de ahora. En su segundo y tercer años de vida, sus aptitudes lingüísticas experimentarán un tremendo impulso que le permitirán intervenir en las conversaciones, relatar sus experiencias y exponer sus sentimientos.

Éstos son algunos de los cambios que podrá observar:

• **Vocabulario.** A los 15 meses, probablemente podrá emplear seis palabras inequívocas, la mayoría nombres de miembros de la familia u objetos familiares. Las estadísticas difieren, pero no es arriesgado suponer que hacia los 3 años de edad pueda utilizar más de mil palabras y, naturalmente, entienda muchas más. Su vocabulario será muy variado durante esta etapa y será capaz de emplear las palabras en su contexto para comunicarse de forma eficaz.

• **Estructura.** Su capacidad de combinar palabras para formar frases cortas se irá desarrollando poco a poco. En sus inicios, dirá una sola palabra cada vez para representar un pensamiento completo. Pero hacia los 18 meses empezará a combinar dos palabras para crear una frase con significado, como «osito yo» para

decir «quiero mi osito», y hacia los 3 años hablará con frases breves estructuradas de al menos tres o cuatro palabras.

• **Gramática.** De forma habitual, el niño de 3 años utilizará distintos tipos de palabras, no sólo nombres como cuando empezó a hablar. Por ejemplo, quizá diga «Quiero mi osito», indicando claramente sus deseos con una frase gramaticalmente correcta. Empezará a usar palabras como «dentro» y «encima», y quizá añada «s» o «es» a una palabra para convertirla en plural. (A veces lo hará incorrectamente, por ejemplo, diciendo «pieses» en lugar de «pies».) Sin embargo, no será hasta mucho más tarde cuando aprenda a utilizar los tiempos verbales de presente, pasado y futuro.

• **Pronunciación.** Su hijo empleará la mayoría de las consonantes y las vocales, aunque en ocasiones se

confunda. Los principios de palabras en particular se mezclan a menudo (por ejemplo, «mamarillo» en lugar de «amarillo».) Esfuércese por no sucumbir a la tentación de reírse cuando cometa estos errores normales. En todo caso, su pronunciación es lo bastante clara para que lo entiendan los demás niños y los adultos.

**La capacidad de escuchar**

Su hijo escuchará mejor durante su segundo y tercer años, lo cual contribuirá al desarrollo de sus aptitudes lingüísticas porque es escuchando como se aprende el lenguaje hablado, y eso le permitirá interpretar instrucciones e intervenir en las conversaciones.

▼ *A los 30 meses, el vocabulario de este niño es amplio y le permite enumerar las distintas partes del cuerpo.*

▲ *A los 3 años, su hijo podrá hacerse entender casi siempre por otros niños y adultos.*

Pero recuerde que seguirá siendo egocéntrico: esperará que el mundo gire a su alrededor y por lo tanto a menudo no sentirá la necesidad de escuchar cuando usted le hable.

Cuando descubra que, por ejemplo, su hijo de 3 años sigue viendo la televisión después de que usted le haya pedido que vaya al comedor para cenar, lo más probable es que le haya oído pero deliberadamente haya decidido hacer caso omiso a su mensaje. A esta edad, es bueno ejerciendo la atención selectiva. Por otra parte, un niño que no responda con frecuencia a los comentarios que se le dirijan podría tener un problema de oído.

Si duda de si su hijo no le hace caso por decisión propia o porque simplemente no oye bien, busque otras posibles indicaciones de deficiencias auditivas. Por ejemplo, quizá estudie atentamente el rostro y la boca de sus interlocutores, quizá pida que le repitan las preguntas una y otra vez o mezcle ciertos sonidos al hablar (como «t» y «d»). Ninguno de estos hallazgos significa que su hijo tenga problemas de oído graves, pero si no está seguro de que oye bien, pídale al otorrino o al pediatra que le examine la audición.

### ¿Por qué hablar?

La capacidad de hablar de su hijo no sólo le permite expresarse fácilmente y con precisión, sino además recabar información: es un excelente medio de satisfacer su inagotable curiosidad. Por eso su hijo de 2 o 3 años empezará a hacer preguntas, y en cuanto empiece, ya no parará.

Prepárese para un aluvión de preguntas: por qué, quién, cómo y qué. No pregunta para oponerse a usted ni cuestionar sus opiniones, su interés por las respuestas es sincero. Descubrirá que tiene una capacidad asombrosa de preguntar sobre cosas realmente difíciles de responder. Por ejemplo: «¿Por qué tal cosa es de tal color?» o «¿Por qué tienes pelo?».

También es probable que repita las preguntas, aunque usted crea haberlas respondido ya. La verdad es que su hijo quizá no haya entendido la explicación anterior y por eso quiere que se la vuelva a dar. Esto puede ser excesivamente frustrante para usted, pero recuerde que sus preguntas brotan de un sincero deseo de utilizar sus aptitudes lingüísticas

▲ *A partir de los 2 años, los niños preguntan cada vez más porque intentan comprender el mundo que les rodea.*

para comprender el mundo que le rodea.

Quizá utilice sus interminables preguntas como medio de atraer y mantener la atención de sus padres, a los que ama. Ya se habrá dado cuenta de que cuando usted le habla, sin importar cual sea el tema, se concentra mucho... y quiere que siga ocurriendo.

◀ *A medida que comprenda mejor, esta niña estará más receptiva y las conversaciones serán menos simplistas.*

# Aptitudes lingüísticas

| Edad | Aptitud |
|------|---------|
| **15-18 meses** | Su hijo es capaz de utilizar aproximadamente seis o siete palabras inequívocas distintas y las emplea coherentemente. Naturalmente, comprende muchas más. Su lenguaje es a menudo una mezcla de verdaderas palabras y de una jerigonza propia, quizá incluya denominaciones propias para personas u objetos, que usará repetidamente. |
| | Es capaz de prestar atención a las instrucciones, interpretarlas correctamente y llevar a cabo cada petición, siempre que sea sencilla. |
| | Combina eficazmente aspectos de la comunicación verbal y no verbal para expresarle a usted sus necesidades básicas y deseos; insistirá hasta que le demuestre que lo ha entendido. |
| **19-21 meses** | Todavía utiliza palabras sueltas, pero ahora se unen a menudo formando frases cortas, de dos palabras. Cada frase tiene un significado propio y él las usa con propiedad. |
| | A su hijo le encanta reconocer objetos familiares en los libros ilustrados, siempre que no haya demasiados elementos en la página, y también identificar personas conocidas en los álbumes de fotografías. |
| | Las conversaciones interesan mucho a su hijo. Ya no dice lo que piensa en cuanto le pasa por la cabeza, sino que está dispuesto a escuchar y esperar una pausa antes de hablar. |
| **22-24 meses** | A esta edad, su hijo tiene una mayor conciencia de sí mismo como individuo y ya puede enumerar sin equivocarse las principales partes del cuerpo. |
| | Como consecuencia de su mayor vocabulario y mejor comprensión, su hijo de 2 años puede nombrar un conjunto de objetos cotidianos que le coloquen delante. |

# De los 15 meses a los 3 años

**Qué hacer**

Tome nota de todas las palabras que utilice su hijo a lo largo de tres días. Quizá descubra que a veces cuando balbucee sin que parezca emplear ninguna palabra reconocible, en realidad esté utilizando la misma palabra para indicar el mismo objeto cada vez.

Pida a su hijo que complete una actividad que usted sabe que está dentro de sus posibilidades, por ejemplo, que le pase un vaso. Si adopta una actitud receptiva, comprenderá lo que usted dice y cumplirá su petición. Lo hará aunque no sepa pronunciar las palabras.

En lugar de intentar anticiparse a las peticiones de su hijo, espere a que las formule verbalmente. Si quiere algo concreto –por ejemplo, que usted encienda el televisor–, lo señalará y dirá la palabra simultáneamente. Concédale mucho tiempo para encontrar las palabras que necesita.

Ayúdele a combinar palabras respondiendo con una frase cuando él use una sola palabra. Por ejemplo, cuando pregunte: «¿Papá?», usted puede decir: «¿Dónde está papá?» y luego contestarle. Hágale saber lo mucho que le complace que empiece a formar frases.

Siente a su hijo en su regazo o a su lado y déjele pasar las páginas de su libro ilustrado favorito. Señalará a todas las personas, los animales y objetos y tratará de nombrarlos. Si al cabo de unos segundos no ha dicho el nombre del objeto ilustrado, dígaselo usted.

Charle con su hijo sobre los juguetes con los que está jugando y luego mírele mientras hace una pausa para responder verbalmente. Descubrirá que su capacidad de espaciar sus comentarios para responderle a usted aumenta alrededor de esta edad, y ahora estará más preparado para esperar su turno para hablar.

Dígale «Enséñame los pies» y espere a que se los señale. Haga lo mismo con los ojos, las orejas, la nariz, la boca y las manos. Comprobará que conoce casi todas estas partes de su cuerpo y, con su ayuda, aprenderá el resto en el transcurso de los próximos meses.

Distribuya unos seis objetos familiares sobre una bandeja; por ejemplo, un lápiz, una pelota, un vaso, un osito de peluche, una cuchara y un libro. Lleve la bandeja a su hijo, señale uno de los objetos y pregúntele «¿Qué es esto?». Probablemente nombrará la mayoría.

# Aptitudes lingüísticas

| Edad | Aptitud |
|------|---------|
| | Probablemente se interese cada vez más en lo que dicen otras personas y escuche en silencio las conversaciones aunque nadie se dirija a él. |
| **25-30 meses** | Le encanta que usted le lea cuentos justo antes de dormirse. No es sólo la intimidad del proceso de contar cuentos lo que le gusta, sino también el contenido de la narración. |

| | |
|------|---------|
| | Su comprensión del lenguaje oral se ha desarrollado considerablemente. Es capaz de hacer una pregunta, escuchar atentamente la respuesta y luego interpretar lo que le han dicho. |
| | Su memoria ha mejorado hasta el punto en que puede recordar pequeñas cantidades de información personal y relatársela de un modo fiable a un niño o adulto conocido. |
| **31-36 meses** | Los pronombres como «yo» y «mí» empiezan a figurar con regularidad en sus frases. No siempre los emplea adecuadamente, a menudo usa «mí» en lugar de «yo». |

A estas alturas, su vocabulario se ha ampliado hasta al menos mil palabras que puede utilizar confiada y correctamente.

Empieza a comprender la gramática básica de su idioma y que sigue unas normas. No puede explicar realmente cuáles son esas reglas, pero las aplica usualmente.

# De los 15 meses a los 3 años

### Qué hacer

De vez en cuando, anime a su hijo para que se quede junto a usted mientras habla con sus amigos. Naturalmente, acabará perdiendo interés y querrá jugar por su cuenta, pero mientras escuche desarrollará sus aptitudes lingüísticas.

Arrópele en la cama por las noches y siéntese a su lado para leerle un cuento. Asegúrese de no elegir uno demasiado terrorífico y de que no se anime demasiado. Se relajará escuchando, una forma excelente para quedarse dormido.

Cuando haga una pregunta, sitúese de modo que estén cara a cara cuando le responda. Esfuércese por mantener su atención si empieza a distraerse con otra cosa de la habitación. Pídale que repita lo que usted acaba de decir.

Anime a su hijo a responder a preguntas sencillas sobre sí mismo de amigos y parientes; por ejemplo, decirle su nombre y edad. No obstante, habrá ocasiones en que su hijo estará tan abrumado por la timidez que no lo conseguirá. No le presione para que hable si la situación le resulta embarazosa.

Explíquele la forma correcta de hablar sin criticar la suya. Por ejemplo, cuando anuncie que «mí quiere zumo» respóndale diciendo «yo también quiero zumo». Será un buen ejemplo lingüístico para que lo copie.

Pase tiempo observando a su hijo y escuchándole cuando juegue con sus amigos o hable con sus hermanos. Probablemente le sorprenderá la amplia gama de palabras que utiliza, aprendidas de una rica variedad de fuentes de conocimiento de su vida.

Flexione la mano de una manera divertida y dígale a su hijo que ha hecho, por ejemplo, un «pif». A continuación ponga las dos manos en la misma postura y diga: «Ahora he hecho dos...». Su hijo probablemente responderá «pifs», demostrando que conoce la regla gramatical de añadir una ese a una palabra para convertirla en plural.

# Estimulación de las aptitudes lingüísticas: de los 15 a los 18 meses

El vocabulario de su hijo empezará a acumularse continuamente mientras escuche las conversaciones que tengan lugar a su alrededor. Es habitual que use distintas palabras al día –y comprenda el significado de literalmente centenares más– y empiece a formar frases de dos palabras con significado. Usted descubrirá rápidamente que hay una palabra que le gusta usar y detesta que la use alguien más, que es ...«no».

### LEA CUENTOS A SU HIJO

Leer cuentos a su hijo es una de las mayores contribuciones que puede realizar al desarrollo de sus aptitudes lingüísticas. Aunque pueda parecer que escucha pasivamente mientras usted relata la historia, las investigaciones han demostrado que los niños pequeños que oyen cuentos leídos por sus padres durante 10 o 15 minutos al día suelen estar más adelantados en su desarrollo de las aptitudes lingüísticas que los niños que se pierden esta valiosa experiencia.

Naturalmente, su hijo también mejorará en sus habilidades orales escuchando otras fuentes de estimulación como la televisión y las cintas de vídeo, pero el hecho de que usted le lea cuentos tiene algo muy especial, algo que da rienda suelta a su imaginación y le entusiasma más que el resto de las actividades para estimular sus aptitudes lingüísticas.

### Sugerencias

Es importante establecer un buen contacto ocular cuando hable con su hijo. Además de captar su atención y mejorar su capacidad de escuchar, animarle a mantener el contacto visual mientras alguien le hable es una buena práctica social que le ayudará a relacionarse más eficazmente con los demás en el futuro. Quizá descubra que no parece escuchar lo que le dice a menos que esté mirándole a la cara, así que sitúese de modo que se asegure de que pueden mirarse mutuamente.

Su imaginación se desarrolla velozmente y usted puede aprovecharlo para estimular su uso del lenguaje. Por ejemplo, puede hablar con sus animales de peluche y fingir que le responden; cuente a su hijo lo que dicen y pídale que hable con ellos también. Se unirá rápidamente a este tipo de juego imaginativo; pronto podrá decirle sus nombres y toda clase de cosas que les ha ocurrido. A esta edad, un teléfono de juguete cumple el mismo objetivo.

▼ *Aproveche los momentos en que cuenta con la atención plena de su hijo para señalar y nombrar objetos familiares, como las partes del cuerpo.*

Se divertirá mucho hablando por teléfono como si mantuviera una conversación imaginaria con uno de sus amigos o quizá con uno de sus abuelos u otro miembro de la familia.

Aunque su hijo tendrá mucho que decir por sí mismo, a veces será muy lento en comunicarle a usted sus ideas y sentimientos. Intente no apremiarle o renunciará por completo a expresar las ideas. Relájese y deje que se tome todo el tiempo que necesite.

◁ *La comprensión lingüística de un niño supera con mucho el vocabulario que emplea. Este niño de 18 meses puede seguir instrucciones muy detalladas para guardar sus juguetes en la caja aunque él sería incapaz de pronunciar frases tan complejas.*

## ❖❖❖❖❖❖ Consejos ❖❖❖❖❖❖

**1. Dígale los nombres de los colores primarios.** Aunque es demasiado pequeño para aprenderse los nombres de los colores, el hecho de que usted los nombre le ayudará a cobrar conciencia de las diferencias entre ellos.

**2. Elimine las distracciones cuando intente llamar su atención.** No tiene ningún sentido hablar con su hijo cuando esté totalmente absorto en un programa de televisión. Apague el aparato unos momentos mientras le habla.

**3. Grabe una cinta con sonidos familiares.** Grabe sonidos cotidianos, como un coche que pasa, un vaso llenándose de agua, etcétera. Observe el rostro de su hijo para ver si reconoce alguno; vuelva a poner la cinta explicando cada sonido.

**4. Deje en el aire la última palabra de su canción favorita.** Cante toda la canción hasta que se acerque a la última palabra y deténgase antes de terminar. Mire a su hijo con una expresión de anticipación en el rostro: él intentará decir la palabra que falta.

**5. Mire fijamente a su hijo cuando le hable.** Su hijo habla porque tiene algo importante que decirle. Escuche atentamente y responda de un modo positivo, aunque mucho de lo que diga no quede claro.

Probablemente sólo necesite unos momentos más para encontrar las palabras que quiere utilizar. Tenga toda la paciencia que pueda con él.

A esta edad empieza a aprenderse los nombres de las distintas partes del cuerpo. Un buen momento para enseñarle estas palabras es a la hora del baño, o bien cuando se desnude para acostarse. Convierta esta actividad en un juego informal, quizá acariciándole la palma de la mano cuando le diga «Esto es la mano» o tocándole suavemente la oreja cuando le explique «Esto es la oreja». Haga lo mismo con los nombres de los objetos domésticos. En lugar de decirle a su hijo «Guarda eso», dígale «Guarda los juguetes en la caja grande». Le estará ayudando a ampliar su vocabulario por medio de un mayor uso del lenguaje cuando hable con él.

**P**reguntas **y** **R**espuestas

**P** ¿Cómo puedo conseguir que mi hijo hable en lugar de señalar lo que quiere?

**R** No puede obligar a su hijo a hablar, pero puede estimular el desarrollo de sus aptitudes lingüísticas no respondiendo a sus gestos no verbales. Para él habrá un incentivo mayor para hablar cuando descubra que el lenguaje corporal no le reporta el resultado esperado. Y cuando utilice palabras en lugar de señalar, reaccione siempre con rapidez y elogie su uso del lenguaje.

**P** Mi hijo habla solo. ¿Es normal?

**R** Sí. Una de las mejores maneras de mejorar sus aptitudes lingüísticas es mediante la práctica regular y ¿qué mejor manera hay de practicar sin interrupciones que hablando solo? Usted no comprenderá la mayor parte de lo que diga durante estos monólogos, pero recuerde que sus palabras no van dirigidas a los oídos de nadie más.

🧸🚒 **Juguetes:** muñecas y muñecos de peluche, teléfono de juguete, tazas y platitos de plástico, libros de cuentos, juguetes de bañera.

# Estimulación de las aptitudes lingüísticas: de los 19 a los 21 meses

Los progresos en el lenguaje continúan y su hijo se dará cuenta de que el habla no sólo sirve para comunicar sus ideas y sentimientos, también es una buena manera de establecer contactos sociales. Su vocabulario más amplio y el uso de estructuras gramaticales más complejas le permitirán efectuar contribuciones más elaboradas cuando usted entable una conversación con él.

### LAS PRIMERAS PALABRAS

Los psicólogos que estudian los tipos de palabras que adquieren los niños cuando empiezan a hablar han descubierto que más de la mitad de estas palabras iniciales son de carácter general, referidas a objetos que pertenecen a una clase general, como «pelota», «agua» y «casa». Una palabra como «perro» puede servir para todos los animales. Menos del 15 por ciento de las palabras son específicas, referidas a personas u objetos concretos, como «mamá» o el nombre de su muñeco preferido.

Otro descubrimiento en esta área de las investigaciones es que muchas de las primeras palabras de un niño están relacionadas con cosas que puede utilizar realmente de un modo u otro; por ejemplo, palabras como «cuchara», «agua» y «vaso». Es una prueba más de que el lenguaje de su hijo refleja fielmente su experiencia cotidiana.

### Sugerencias

Anime a su hijo a hablar con usted sobre los acontecimientos cuando se produzcan; no espere hasta el final de la jornada para recapitular, pues él puede haber olvidado el incidente. Tenga presente que le fascina todo lo que ocurre a su alrededor y tiene un deseo inherente de comentarle a usted sus experiencias. Cuando se esté poniendo la camiseta y los pantalones por la mañana o saliendo de paseo por la tarde, su hijo parlanchín estará encantado de hablar con usted sobre ello y necesitará que usted le responda. Utilice un lenguaje claro, con palabras que él pueda entender fácilmente.

Si le parece que su hijo no está especialmente locuaz en algún momento del día, no intente forzarle a mantener una conversación con usted.

▲ *Su hijo iniciará más conversaciones comentando lo que está haciendo o lo que ve.*

Quizá esté cansado o de mal humor. Sea cual fuere la razón, déjele disfrutar de un rato tranquilo. Probablemente comprobará que vuelve a estar más comunicativo más tarde.

También puede ayudar a su hijo a comprender mejor el lenguaje receptivo (el que comprende cuando le hablan) y el expresivo (el que emplea para expresar sus propias ideas y

◀ *Hablar con su hijo sobre las actividades cotidianas le ayudará a ampliar su vocabulario y su comprensión.*

# **P**reguntas **Y R**espuestas

**P** Mi hija de 21 meses habla de una manera muy limitada, como si abreviara lo que dice. ¿Es eso habitual en un niño de su edad?

**R** Su lenguaje parece abreviado porque contiene sólo las palabras clave, como «leche» o «sueño». En el transcurso del siguiente año empezará a incorporar otros tipos de palabras como preposiciones y adjetivos. Así es como evoluciona normalmente el desarrollo de las aptitudes lingüísticas.

**P** Mi hija habla tan atropelladamente que no entiendo lo que dice. ¿Qué debo hacer?

**R** Sólo está impaciente por expresarse. En los próximos meses reducirá de forma natural la velocidad y será más fácil entenderla. Mientras tanto, si está sobreexcitada cuando hable con usted, intente persuadirla para que hable más despacio. Pero no existe absolutamente ningún motivo de preocupación.

**Juguetes:** libros de cuentos, grabaciones de canciones infantiles, sonidos de animales y del campo, cochecitos, cintas de vídeo para niños.

▲ *A esta edad, su hijo quizá prefiera observar a otros en lugar de hablar con ellos.*

sentimientos) demostrándole el significado de las palabras nuevas con las que no esté familiarizado del todo.

Por ejemplo, si quiere decirle «Ese hombre es muy alto», alce las manos al mismo tiempo para que él vea una interpretación visual del comentario. Si acompaña a las palabras con una demostración física de su contenido mejorará su comprensión del significado.

Prepare juegos de escuchar con él. Por ejemplo, pídale que cierre los ojos y escuche atentamente y se lo diga cuando oiga pasar un automóvil por la calle; si no acierta a la primera, déjele intentarlo de nuevo. O bien léale un cuento, sustituyendo el nombre del protagonista por el de su hijo, y pídale que le avise cada vez que oiga mencionar su nombre mientras usted lee. Cualquier juego que invite a su hijo a concentrarse en escuchar atento a información concreta beneficiará al desarrollo de sus aptitudes lingüísticas y además le proporcionará mucha diversión.

## ♦♦♦♦♦♦ Consejos ♦♦♦♦♦♦

1. **Pídale que nombre objetos.** Señale un objeto que conozca y pregúntele cómo se llama. Amplíelo progresivamente a otros objetos que él no haya nombrado hasta ahora; si no está seguro, dígale la palabra que está buscando.

2. **Respóndale cuando le hable.** Tanto si comprende lo que le dice su hijo de 21 meses como si no, déle una respuesta positiva, como una sonrisa o un gesto de asentimiento. Necesita esta clase de realimentación por parte de los padres.

3. **Espere que se «atasque» en público.** A pesar de su deseo instintivo de llamar la atención, su hijo puede perder repentinamente la confianza necesaria para hablar cuando se enfrente a un mar de rostros. Hablará en cuanto vuelva a estar a solas con usted.

4. **Recurra al juego con muñecos.** Dé instrucciones a su hijo para que realice actividades con sus muñecos. Por ejemplo «Deja tu muñeco allí» o «Dale agua a tu muñeco». Esto le ayudará a desarrollar la capacidad de escuchar, pensar, interpretar y finalmente actuar de acuerdo con lo que haya oído.

5. **Canten canciones juntos.** Sus mayores aptitudes lingüísticas y vocabulario le permitirán intervenir más fácilmente cuando usted le cante. Si elige sus favoritas descubrirá que intenta cantarlas también.

# Estimulación de las aptitudes lingüísticas: de los 22 a los 24 meses

El lenguaje es ahora parte importante de su vida. Para cuando cumpla su segundo año, su hijo será mucho más comunicativo, captará mejor el sentido de las palabras, la gramática y la estructura de las frases y gozará hablando con otras personas. En particular, le encantará relacionarse con otros niños de su edad, aunque no siempre se hagan entender entre ellos.

### MI HIJO TARTAMUDEA

Tartamudear (o tartajear) es habitual en los niños de hasta 2 años; a esta edad, a menudo empiezan a pronunciar una palabra, no la completan, empiezan a repetirla y así sucesivamente. Las repeticiones y las dudas de este tipo son frecuentes cuando el desarrollo de las aptitudes lingüísticas de un niño empieza a acelerarse. Por fortuna, la mayoría de los niños de 2 años pasan por la fase de tartamudeo sin ninguna ayuda, a medida que aumenta su confianza.

Si su hijo tartamudea, asegúrese de que nadie (incluyendo a sus hermanos y hermanas mayores) se burle de él, intente imitarle o presionarle para que vaya más rápido. Necesitará que le dediquen tiempo, paciencia y apoyo para superar esta fase.

### Sugerencias

Usted sigue teniendo una enorme influencia en el desarrollo de las aptitudes lingüísticas de su hijo. Descubrirá que aprende el vocabulario y las frases que usted emplea habitualmente. Intente que las palabras que usa con su hijo sean básicas pero variadas. En lugar de utilizar la misma palabra cada vez, ofrézcale alternativas con el mismo significado. Por ejemplo, puede sustituir a veces la palabra «grande» por «enorme» o «inmenso», la palabra «mono» por «precioso» o «bonito»;

▼ *Las comidas son un buen momento para introducir conceptos verbales; nombre diferentes alimentos y sus colores, si la comida está sabrosa o sosa, fría o caliente, etc.*

▶ *Hacia los 2 años, los niños empiezan a hablar más entre sí.*

su hijo captará la idea y cuando oiga usar palabras distintas empezará a hacer lo mismo. Así ampliará gradualmente su vocabulario.

Espere que su hijo cometa muchos errores al hablar; es una parte normal del proceso de aprendizaje.

*◀ Un niño de esta edad puede utilizar su rudimentaria comprensión del lenguaje para formar palabras por lógica.*

A veces mezclará las palabras, se confundirá ocasionalmente, pronunciará mal las primeras letras de tanto en tanto, e incluso formará palabras y

construcciones gramaticales completamente nuevas (por ejemplo, cuando acabe de ponerse un zapato quizá diga «ponido» en lugar de «puesto»).

No le corrija cuando cometa errores lingüísticos para no provocarle ansiedad. Una estrategia más eficaz es repetir lo que él intentaba decir utilizando las palabras o construcción correctas, como si le diera la razón en lugar de señalarle un error. Si ve un perro alejándose y dice, por ejemplo «Guau-guau va», replíquele «Es verdad, el perro se va». Ofrecerle así un modelo de lenguaje le enseña a decir las palabras correctamente, sin minar la confianza en sí mismo.

Su hijo espera que todo el mundo le comprenda; él sabe lo que intenta decir y por eso supone que los demás también. Y quizá se irrite cuando de pronto piense que usted no entiende lo que quiere decirle. Cuanto más le pida que lo repita, más se enfadará. En esta situación, utilice otra estrategia. Puede decidir distraer su atención hacia algo completamente distinto, o bien asentir con la cabeza como si hubiera entendido exactamente lo que ha dicho.

*▼ Anime a su hijo a inventar canciones sencillas; es una manera genial de que juegue con las palabras.*

## ✢✢✢✢✢✢ Consejos ✢✢✢✢✢✢

**1. Déjele hablar a la hora de comer.** Tanto si come solo como si lo hace con el resto de la familia, anímele a conversar mientras come. La atmósfera relajada, sumada al placer de comer, es probable que le vuelvan particularmente locuaz.

**2. Juegue a mover los labios y la lengua.** Sitúele ante un espejo y muéstrele cómo mover la lengua en todas direcciones, hinchar los carrillos y emitir los sonidos «p» y «d». Así mejorará el control de la lengua y de los labios.

**3. Pídale que invente canciones.** Toque una melodía sencilla sin palabras y propóngale que invente la letra para acompañarla. Al principio quizá se quede boquiabierto, pero en cuanto capte la idea se divertirá mucho creando sus propias canciones.

**4. Muéstrele fotografías de familia recientes.** Él estudiará las fotografías con gran atención cuando reconozca a las personas que aparecen, y le encantará reconocerse a sí mismo. Utilícelo como estímulo para hablar de los sucesos y fiestas familiares de las fotos, que quizá recuerde en parte.

**5. Cometa «errores» ocasionales cuando le lea cuentos.** Para agudizar su capacidad de escuchar, léale un cuento conocido pero cámbiele alguna parte menor (por ejemplo, el nombre de un personaje) y espere a que su hijo detecte el error.

---

# **P**reguntas Y **R**espuestas

**P** ¿Por qué mi hijo pronuncia «f» en lugar de «s»?

**R** Pronuncie usted esos sonidos; comprobará que «f» requiere la participación de los dientes, los labios y la punta de la lengua, mientras que «s» requiere el fondo de la boca. Para su hijo, los sonidos de la parte delantera de la boca son mucho más fáciles a esta edad y de ahí las sustituciones. Con el tiempo dominará toda la gama de sonidos de su idioma.

**P** ¿Es verdad que los cuentos de hadas pueden aterrorizar a un niño pequeño?

**R** Algunos cuentos tienen el potencial de asustar a los niños. Por eso es tan importante elegir cuidadosamente los libros que vaya a leerle, para asegurarse de que el contenido sea adecuado para su edad y grado de comprensión. Es poco probable que tenga sentimientos muy positivos hacia los libros si las historias le alteran y le dan miedo.

**Juguetes:** libros de cuentos, postales con ilustraciones de objetos familiares, polichinelas de dedos, muñecos de peluche, materiales de manualidades.

# Estimulación de las aptitudes lingüísticas: de los 25 a los 30 meses

La complejidad de sus aptitudes lingüísticas se reflejarán en el habla cotidiana de su hijo cuando empiece a utilizar pronombres personales (yo, tú, él o ella, etc.) y palabras descriptivas con más coherencia. Será capaz de mantener conversaciones con otros niños de su edad y también disfrutará hablando con los adultos. Los pequeños detalles de la vida familiar le resultarán fascinantes y no cesará de hacer preguntas.

**EL GRUPO DE JUEGO Y LA GUARDERÍA**

A esta edad, podrá aumentar el desarrollo de las aptitudes lingüísticas de su hijo si le motiva para que se relacione con otros niños. Naturalmente, a veces se peleará con sus iguales mientras juegan juntos, pero la mayor parte del tiempo charlarán alegremente unos con otros, intercambiando historias y experiencias.

El incentivo de comunicarse con un amigo con el fin de jugar juntos es lo bastante fuerte como para animarle a hablar mejor y desarrollar una capacidad de escuchar más madura. Por eso es tan importante que usted prepare contactos regulares con otros niños de su misma edad, ya sea en un grupo de juego o en una guardería, o incluso con las visitas que vienen a casa.

### Sugerencias

Muestre interés por los interminables relatos que le brinde su hijo, sobre sus amigos o algún juguete. Se excitará por todo lo que suceda a su alrededor y querrá compartirlo con usted. Descubrirá que a su hijo le gusta sentarse a su lado, acurrucarse contra usted y relatarle sus últimas hazañas. Es importante que usted responda con preguntas cuando le hable para que sepa que está escuchando y se interesa, y también para obligarle a pensar más profundamente en el tema.

También puede usar las conversaciones para ayudar a su hijo a clarificar su discurso. Por ejemplo, cuando empiece a contarle un incidente con otro niño en la guardería o con un hermano mayor, probablemente lo haga sin mencionar el nombre del niño. Indíquele que debe decir de quién está hablando al principio. Naturalmente, no lo recordará inmediatamente, pero al menos habrá empezado usted a animarle a planificar su conversación y a pensar en las necesidades del oyente.

Ahora que su imaginación está más desarrollada, intente que participe en juegos de simulación, por ejemplo disfrazándose. A su hijo le va muy bien este tipo de actividad y le ofrece la oportunidad de desarrollar sus

▲ *La conversación con sus hijos es bidireccional. Ellos disfrutan contando cosas pero necesitan sus preguntas para explicarse mejor.*

aptitudes lingüísticas porque puede fingir que es una persona totalmente distinta. Obsérvele durante este tipo de juego: lo más probable es que cuando se disfrace de adulto, su tono de voz cambie y utilice palabras distintas. Se divertirá mucho desfilando por la casa

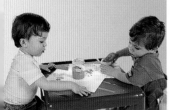

▶ *Estimule su imaginación prestándoles ropa para que se disfracen y hablando sobre los personajes que intervienen en los cuentos y las canciones infantiles.*

empleando nuevas formas de lenguaje mientras finge ser otra persona.

Cuando usted no le deje hacer lo que quiera, quizá intente imponerse a gritos; su reacción instintiva al oír algo que no le guste será decirle que se calle.

## ✦✦✦✦✦ Consejos ✦✦✦✦✦

**1. Interpreten música juntos.** Toque con él cuando intente obtener sonidos de sus instrumentos musicales de juguete. Se divertirá soplando para hacer sonar la trompeta y la armónica y aporreando el tambor. Anímele a cantar mientras hacen música juntos.

**2. Hable con su hijo sobre los programas que ve.** Cuando haya terminado de ver un programa de televisión o un vídeo, charle con él acerca del programa. Pregúntele cosas básicas como el nombre del protagonista.

**3. Recalque los adverbios cuando le hable.** Usted puede ayudarle a comprender el significado de palabras como «dentro», «encima» y «debajo» con demostraciones prácticas. Por ejemplo, muéstrele que la comida se guarda «dentro» de la nevera y los platos se dejan «encima» de la mesa.

**4. Acurrúquense juntos cuando le lea un cuento.** El contacto físico es muy tranquilizador para ambos. Acurrucarse juntos durante la lectura de un cuento relaja a su hijo y le sume en un estado de ánimo positivo que le predispone a escuchar y hablar.

**5. Juegue con su hijo a clasificar cosas.** Reúna varios juguetes habituales como ositos de peluche, bloques de construcción o libros y apílelos frente a él. Después pídale que le dé todos los ositos, por ejemplo. Su hijo demostrará que sabe agrupar los objetos por categorías.

Cálmele y luego siga diciendo lo que quería decir igualmente. Con el tiempo aprenderá que usted tiene el mismo derecho a hablar que él, aunque no le guste el mensaje que le transmita. En cuanto haya dicho lo que quería, escuche atentamente su respuesta.

▼ *Los programas de televisión son mucho más valiosos si usted los ve con su hijo y luego habla con él sobre lo que han visto.*

## P̲reguntas Y R̲espuestas

**P** ¿Qué debemos hacer con el ceceo de nuestro hijo?

**R** Muchos niños desarrollan un ceceo temporal mientras ejercitan el habla (en otras palabras, sustituyen «s» por «z»). En la mayoría de los casos esta forma de hablar desaparece espontáneamente a medida que crecen. Por consiguiente, en esta etapa no hay que hacer nada en particular, excepto ofrecer modelos de lenguaje apropiados para que él los copie.

**P** ¿Es verdad que los niños tardan un poco más que las niñas en aprender a hablar?

**R** Los resultados de las investigaciones psicológicas confirman que, en general, las niñas adquieren el lenguaje oral a una edad más temprana que los niños y además desarrollan estructuras lingüísticas complejas antes que los niños. Pero se trata de una tendencia, nada más; no significa que todos los niños digan la primera palabra más tarde que todas las niñas. Depende mucho de cada niño.

**Juguetes:** figuras humanas de plástico, ropas para disfrazarse, zoo de juguete, libros de cuentos, grabaciones musicales, muñecos de peluche.

**LAS RIMAS INFANTILES**

Muchas de las rimas infantiles tradicionales tienen su origen en los siglos pasados. Por ejemplo, la conocida canción «Mambrú se fue a la guerra» alude a un episodio histórico, el apoyo británico que el duque de Marlborough prometió a las tropas españolas de Felipe VII para expulsar de España a los ejércitos de Napoleón, a principios del siglo XIX. Otras rimas infantiles se han incorporado a la tradición por su valor didáctico o su utilidad práctica; por ejemplo «pinto, pinto, gorgorito»

(o «pito, pito, colorito», según las versiones) es ideal para contar cuando aún no se domina el concepto de cantidades numéricas. Las rimas infantiles potencian las aptitudes lingüísticas de su hijo mediante la repetición, desarrollando su conciencia del ritmo, exponiendo la poesía del lenguaje y demostrando que también tiene un componente humorístico. Algunas rimas infantiles son trabalenguas (como «Un tigre, dos tigres, tres tigres») y son geniales para aprender a pronunciar distintos sonidos.

# Estimulación de las aptitudes lingüísticas: de los 31 a los 36 meses

Su hijo ya ha asimilado las aptitudes lingüísticas básicas y ya se han sentado las bases de los posteriores avances en vocabulario y gramática, un proceso que proseguirá hasta el final de la infancia y se prolongará en la edad adulta. Aún le queda mucho que aprender, pero ya es un completo «parlanchín» a la edad de 3 años.

## Sugerencias

Hay muchas maneras de ayudarle a desarrollar la capacidad de empleo del lenguaje con el fin de que interprete y explique sus experiencias. Por ejemplo, háblele del programa de televisión que acaban de ver; hágale preguntas sobre el argumento, sobre los personajes que intervienen y sobre su opinión acerca del programa. Este tipo de preguntas le obligan a utilizar el lenguaje de maneras distintas que sólo para decir lo que quiere o no quiere. Se puede hacer lo mismo sobre sus amigos, preguntándole por ellos y por qué le caen bien. Se sorprenderá de la profundidad de las explicaciones que da su hijo de 3 años.

También descubrirá que el interés del pequeño por las palabras en sí mismas se intensifica. Empezará a preguntar por el significado de distintas palabras, quizá las que haya oído usar en casa o en la guardería. Ese significado puede ser evidente para usted, pero no para él. Por eso debe ser paciente, concederle su atención y responderle adecuadamente. Algunas palabras concretas quizá fascinen a su hijo sin razón aparente.

▼ *Alrededor de los 3 años de edad, los niños empiezan a mantener conversaciones más prolongadas y fluidas entre ellos, al tiempo que interactúan cada vez más en el juego.*

▶ *Existen muchas ocasiones de presentar a su hijo los nombres de los colores, sobre todo cuando pinten, dibujen o modelen plastilina.*

Un día oirá a alguien decir algo y la combinación de sonidos de la palabra le divertirá; antes de que usted se dé cuenta utilizará esa palabra constantemente, aunque sea probable que de un modo inexacto. Asegúrese de que conoce su verdadero significado.

Hacia esta época, el interés de su hijo por el lenguaje se amplía hasta incluir a otras personas. Ya no sólo habla de lo que quiere, lo que le ha sucedido o lo que piensa; su mayor conciencia social dirige su atención hacia los sentimientos y reacciones de los demás.

Es un paso adelante positivo y usted puede reforzar este aspecto de su lenguaje ofreciéndole muchas oportunidades de mezclarse con otros niños y adultos. Aparte de las evidentes experiencias sociales del grupo de juego o de la guardería, se beneficiará relacionándose con sus hermanos y con otros miembros de la familia de todas las edades. Quizá piense usted también en apuntarle a una actividad de ocio como natación o danza, o lo que le interese a él. El habla y el lenguaje que use y oiga en estos contextos variados ampliará aún más sus aptitudes lingüísticas.

## ✦✦✦✦✦✦ Consejos ✦✦✦✦✦✦

**1. Empiece a enseñarle los diferentes colores.**
Aunque quizá no pueda nombrar los colores uno por uno, probablemente sí sea capaz de clasificarlos. Déle un montón de cubos de colores, sostenga en alto uno rojo, por ejemplo, y dígale a su hijo: «Busca uno igual que éste».

**2. Responda concisamente a sus preguntas.**
Las investigaciones revelan que los niños de este grupo de edad formulan principalmente preguntas sobre hechos más que sobre sentimientos; es una manera de aumentar sus conocimientos. Por eso necesitan respuestas breves y precisas.

**3. Elija cuentos más elaborados.** Ya está preparado para escuchar cuentos con un argumento más complejo y varios personajes. Elija libros interesantes y adecuados al nivel de comprensión de su hijo; son los que cautivarán su interés.

**4. Déle explicaciones.** Ahora tiene una edad en que empieza a comprender las explicaciones de por qué debe comportarse de una determinada manera. Y es más probable que siga las normas de conducta si sabe porqué.

**5. Hable con él de sus dibujos y esculturas.**
Cuando su hijo le muestre su última producción creativa —con pinturas, lápices de colores o plastilina—, charle con él sobre ella. Escuche valorando mientras él se la explica con todo lujo de detalles.

◀ *Hable con sus hijos sobre lo que dibujan; a esta edad es probable que tengan una imagen concreta en mente aunque sea irreconocible sobre el papel.*

P**P**reguntas **Y** **R**espuestas

**P** Mi hijo de 3 años sólo usa palabras sueltas, sin formar frases cortas. ¿Es normal a su edad?

**R** El ritmo al cual los niños adquieren el habla es muy variada. Sin embargo, la mayoría de los niños están más adelantados en esta etapa. Lo más probable es que su hijo desarrolle sus aptitudes lingüísticas normalmente y que no haya nada de qué preocuparse. Pero si quiere confirmarlo, coménteselo al médico de cabecera o al pediatra.

**P** ¿A qué edad empiezan los niños a entender los chistes?

**R** El sentido del humor evoluciona desde su nacimiento; probablemente su hijo sonrió por primera vez hacia las seis semanas de vida. El uso del lenguaje como medio de estimular la risa empieza alrededor de los 2 años. Aunque los chistes de un niño de 3 años no parezcan divertidos —quizá porque sólo consisten en palabras cambiadas de sitio—, a su hijo le harán gracia.

🧸🚂 **Juguetes:** muñecos de peluche y muñecas, grabaciones musicales para cantar, libros de cuentos, cocinita infantil.

# Aprendizaje

# Desarrollo de las capacidades de aprendizaje

La capacidad de aprender de su hijo seguirá aumentando rápidamente durante esta etapa de su vida. Una buena manera de definir esta capacidad (llamada también «cognición», «facultades intelectivas» y «capacidad intelectual») es la posibilidad de un niño de aprender nuevas habilidades y conceptos, su capacidad de interpretar los acontecimientos que tienen lugar a su alrededor, la posibilidad de usar la memoria con precisión y la habilidad para resolver pequeños problemas.

Todos los días verá usted ejemplos de cómo la facultad de razonamiento de su hijo, su asimilación de nuevos conceptos y su capacidad de resolver problemas se desarrollan a lo largo de su segundo y tercer años. Ya piensa y aprende mucho mejor.

Éstos son algunos de los cambios observables:

• **Simbolismo.** Hasta que cumplió los 18 meses, más o menos, su hijo era incapaz de usar símbolos; en otras palabras, sólo podía pensar en el aquí y el ahora, y si un objeto no estaba físicamente presente, le costaba mucho pensar en él. Pero esto cambia a mitad del segundo año, cuando empieza a pensar en imágenes. La emergencia del simbolismo incrementa de forma espectacular sus posibilidades de aprender.

• **Atención.** Una parte del aprendizaje requiere concentrarse en una información el tiempo necesario para aprehender su significado.

▶ *Su hijo aprende sin querer de sus experiencias cotidianas, así que relájese y diviértase con él siempre que pueda.*

El alcance de la atención de los bebés es aleatorio, pero a medida que su hijo se acerque al final de su segundo año, empezará a ejercer control sobre la atención que dedique a un objeto o a una actividad, y cuando algo despierte su interés, se concentrará en ello hasta que satisfaga su curiosidad.

• **Memoria.** La capacidad de recordar información aprendida previamente es una parte esencial del aprendizaje y esta capacidad aumenta durante el segundo y el tercer años. Su memoria, tanto a corto como a largo plazo, es ahora más eficaz. Esto le permite recordar experiencias recientes (algo ocurrido hace un minuto) y lejanas (algo ocurrido varios meses atrás).

• **Lenguaje.** El aprendizaje y el desarrollo de las aptitudes lingüísticas están estrechamente relacionados.

La explosión lingüística de su hijo afecta no sólo a sus habilidades de comunicación, sino también a sus capacidades de aprendizaje. Utiliza el lenguaje para hacer preguntas, poner a prueba sus ideas, razonar y aumentar su comprensión del mundo.

Recuerde, no obstante, que sigue aprendiendo sobre todo mediante el juego exploratorio y escuchando, hablando y comentando. No importa si juega con una caja vacía, un muñeco de bañera, sus cubiertos de juguete durante la comida o un puzzle: cuando interactúe lúdicamente con algo de su entorno, aprenderá algo nuevo.

Lo mismo puede decirse del lenguaje: aprende algo nuevo en cada conversación que mantiene. Considérele un científico dinámico, que se empapa de información como una esponja y luego está ansioso por poner en práctica sus nuevos conocimientos.

Por supuesto, usted puede hacer mucho para estimular las capacidades de aprendizaje de su hijo, pero no olvide que una buena parte de lo que aprende tiene lugar todos los días mientras sigue su rutina habitual. Por ejemplo, vestirse por la mañana es una tarea compleja que requiere capacidad de comparar y clasificar, coordinación, memoria y concentración. Poco a poco, cada día aprende más sobre cómo vestirse, hasta que alcanza cierto grado de autonomía hacia los 3 años de edad y entonces parece estar a años luz de su habilidad para realizar esa misma tarea cuando tenía 15 meses.

### Su visión del mundo

Es importante no dar nada por supuesto respecto a los procesos mentales de su hijo; a pesar de sus notables progresos de aprendizaje, todavía existen dos rasgos distintivos en sus aptitudes lingüísticas que no son como en los adultos.

Primero, él no entiende del todo la relación causa-efecto y quizás atribuya una relación inexistente a dos sucesos que no estén conectados entre sí. Esto se debe en parte a su razonamiento inmaduro y en parte a su falta de experiencia. Por ejemplo, si una luz se apaga –quizá porque se ha fundido la bombilla– en el mismo momento en que él estornude, su hijo puede creer que el estornudo es la causa de que la luz se haya apagado. Y en el futuro quizá le vea mirar ansiosamente a su alrededor cada vez que estornuda, esperando que se apague la luz.

Cuando su hijo haga un comentario sobre una relación causa-efecto errónea (por ejemplo, cuando diga que ha hecho llover porque ha empezado cuando él se ponía el abrigo), usted debería explicarle por qué esa relación no existe en la realidad. Quizá, al principio no se lo crea, de modo que probablemente necesite repetir su explicación más adelante.

Una segunda diferencia importante en su pensamiento es que aún tiende a ver las cosas sólo desde su propio punto de vista. Por eso su hijo de 2 años mirará con expresión vacía cuando usted le

▲ *Antes de los 3 años, los niños están muy centrados en sí mismos y tienen poca idea de lo que sienten otras personas.*

reprenda, por ejemplo, por jugar con los juguetes de su hermano mayor cuando se lo habían prohibido previamente. El argumento de «¿cómo crees que se siente tu hermano cuando le desordenas los juguetes?» le entrará por un oído y le saldrá por el otro porque aún no habrá llegado a la etapa en la que pueda ver las cosas fácilmente desde la perspectiva de otra persona. Empezará a valorar otros puntos de vista hacia el final del tercer año y no será capaz de ponerse totalmente en el lugar del otro hasta dentro de varios años.

▲ *Gran parte del aprendizaje tiene lugar a través del juego exploratorio automotivado, a menudo con objetos cotidianos.*

# Aprendizaje

| Edad | Capacidad |
|------|-----------|
| **15-18 meses** | Su hijo es capaz de combinar la coordinación oculomanual, la concentración, la memoria y la comprensión para completar una tarea compleja. |
| | Recuerda sin gran dificultad en qué lugar de la casa ha dejado determinados objetos, en particular si los usa regularmente o son sus favoritos. |
| | Su capacidad de resolver problemas le permite aceptar retos que antes estaban más allá de sus posibilidades y practica con las soluciones una y otra vez. |
| **19-21 meses** | Los puzzles de tablero le fascinan y este tipo de juguete ya está dentro de sus posibilidades, como consecuencia del mayor desarrollo de sus capacidades perceptivas y de razonamiento y su mejor control de la coordinación oculomanual. |
| | Ya no sólo siente curiosidad por lo que sucede en su entorno inmediato. Ahora su interés se ha ampliado a los sucesos del otro lado de las paredes de su casa. |
| | Las alacenas y los espacios cerrados despiertan su curiosidad. Tiene un inagotable deseo de saber qué se oculta detrás de las puertas cerradas y hará lo que sea por averiguarlo. |
| **22-24 meses** | Empieza a comprender que puede manipular y distribuir objetos para conseguir el resultado deseado. Sin embargo, su limitada coordinación oculomanual le inhibe a veces. |
| | En esta etapa hace su aparición el juego imaginativo. Su hijo ya es capaz de crear mentalmente escenas e imágenes, utilizando juguetes como elementos de su representación. |

# De los 15 meses a los 3 años

### Qué hacer

Siente a su hijo en una silla para adultos o en su juego de mesa y silla de tamaño infantil. Construya una torre con cubos de madera delante de él. Luego déle varios cubos y pídale que haga lo mismo. Si está de humor, construirá una torre de unos tres o cuatro pisos de altura.

Pida a su hijo que le traiga el osito de peluche del dormitorio. Probablemente recordará exactamente dónde está –aunque no pueda describir su ubicación con palabras– y saldrá corriendo a cumplir el encargo.

Consiga una cajita de cartón con tapa y guarde dentro un par de cubos de madera. Tras agitar la caja frente a su hijo, déjele que la examine. Probablemente quitará la tapa, vaciará la caja y es posible que vuelva a guardar los cubos en la caja para cerrar finalmente la tapa.

Dé a su hijo un puzzle de tablero de madera maciza –con piezas que encajan dentro de un marco– y obsérvele mientras lo monta. Probablemente lo conseguirá siempre que no tenga más de cinco piezas. Si al principio tiene dificultades, enséñele a resolverlo.

Si su hijo oye ruidos en el exterior, sean de la calle o del jardín, súbale en brazos para que pueda mirar por la ventana. Comprobará que se entusiasma con todo lo que ve.

Proporcione ocasiones a su hijo para que pueda explorar, siempre que sea posible. Guarde una caja o una alacena especial llena de «tesoros» que él pueda investigar sin riesgos. No obstante, necesita vigilancia. Por su falta de conciencia del peligro, cuando encuentre una botella llena, por ejemplo, su primera reacción será probar el contenido. Instale cierres a prueba de niños en las alacenas que contengan productos peligrosos u objetos frágiles.

Dé a su hijo un barril de plástico de juguete que se desenrosque por la mitad. Anímele a mirar mientras usted desenrosca el barril, guarda dentro un juguete pequeño y vuelve a enroscarlo. Ofrézcale el barril a su hijo y pídale que saque el juguete de dentro. Se esforzará intentándolo.

Permítale jugar con una casa de muñecas con figuritas y muebles en miniatura incluidos. Pondrá nombre a cada muñequito y cambiará los muebles de una habitación a otra, totalmente concentrado en este juego imaginativo. Otros juguetes como vehículos y granjas con animales pequeños ofrecen oportunidades similares para el juego imaginativo.

# Aprendizaje

| Edad | Capacidad |
|---|---|

Su hijo observa atentamente mientras usted realiza las tareas cotidianas y de vez en cuando imita sus actos. Puede hacerlo durante varios minutos seguidos.

**25-30 meses**

Empieza a comprender el concepto del dinero, aunque a esta edad su conocimiento siga siendo muy elemental. Todavía no ha entendido que cada moneda tiene un valor concreto.

Aunque quizá no pueda explicar con palabras por qué determinados objetos deben ir juntos, ya ha desarrollado el concepto de clasificación.

El sentido amplio del tiempo de su hijo empieza a emerger. Mientras que la apreciación de las horas y de los minutos todavía esté fuera de su alcance, empieza a comprender las unidades de tiempo más largas, como los días.

**31-36 meses**

A medida que su memoria a corto y largo plazo se hace más fiable, es capaz de recordar y comentar con exactitud experiencias que le han ocurrido en el pasado.

Su hijo utilizará con más precisión sus conocimientos y experiencias anteriores para anticipar las consecuencias de sus actos, aunque siga actuando impulsivamente.

Puede realizar comparaciones básicas entre dos objetos en cuanto a tamaño o altura. No obstante, a veces aún se confundirá, incluso al cumplir los 3 años.

# De los 15 meses a los 3 años

### Qué hacer

Siéntese en una silla ante un espejo y empiece a cepillarse el cabello. Pida a su hijo que se siente a su lado. Tras observar unos segundos, empezará a pasarse el cepillo por el pelo. Imitar todo lo que usted hace es instintivo y le hace sentir importante.

Muéstrele un puñado de monedas y pídale que le diga lo que son. Quizá pueda decirle que son «dinero», pero no sabrá qué valor tiene cada moneda. Déle varias monedas de plástico de aspecto real y recibos de compra para que juegue a las compras.

Coloque un montón de animales y cubos de plástico frente a su hijo. Dígale: «Ordénalos. Haz un montón aquí y otro aquí.» Es probable que los clasifique en un montón de cubos y otro de animales, sin necesidad de más explicaciones.

Dígale que mañana irán al parque. El hecho de que se ilusione con esta promesa pero no se precipite hacia el armario a ponerse el abrigo es una confirmación de que sabe que la salida al parque no es inminente, sino que irán en el futuro. Usted puede estimular esta apreciación del tiempo explicándole acontecimientos futuros con hitos diarios familiares, por ejemplo diciendo «después del desayuno...».

Hable con su hijo de algo que hicieron juntos ayer; él se acordará. Luego amplíe la conversación a algo especial que hicieron un par de semanas atrás (por ejemplo, una visita a sus abuelos). Probablemente descubra que también tiene un buen recuerdo de esa ocasión.

Plantéele preguntas que le animen a pensar con antelación. Por ejemplo: «¿Qué ocurrirá si llenas el vaso hasta el borde e intentas levantarlo?» o «Imagina que empujas la silla, ¿qué pasaría?». En la mayoría de los casos, anticipará correctamente las consecuencias de esos actos.

Tome dos vasos del mismo tamaño de la alacena. Vierta zumo en un vaso hasta llenarlo casi del todo y luego vierta sólo una pequeña porción de zumo en el otro vaso. Diga a su hijo que le muestre «el vaso donde hay más jugo». Probablemente elegirá el más lleno.

# Estimulación del aprendizaje: de los 15 a los 18 meses

La mayor capacidad de aprendizaje de su hijo le permitirá asumir más control sobre su vida cotidiana. Empezará a pensar por sí mismo, aceptando desafíos con gran entusiasmo. Su mayor memoria le ayudará a recordar dónde ha dejado algo, por ejemplo. Su concentración también mejorará y ahora jugará más tiempo solo con sus juguetes, cada vez menos dependiente de la estimulación constante que usted le aporte.

### ESCUCHE, POR FAVOR

Probablemente descubra que su hijo a veces no responde cuando usted le habla. El problema es que tiene que competir con otras muchas fuentes de información. Hay tantas cosas que atraen la atención de su hijo que no es de extrañar que a veces no escuche lo que le dicen.

Usted puede ayudar a desarrollar su capacidad de escuchar introduciendo su nombre antes de una frase. Por ejemplo, si quiere que siga una instrucción, empiece pronunciando su nombre en voz alta y transmita la instrucción sólo cuando él se vuelva y establezca contacto visual con usted. Cuanto más escuche, más aprenderá.

### Sugerencias

A su hijo le gusta experimentar con los juguetes y no necesita mucho estímulo para ello, pero prepárese para ofrecerle sugerencias de todos modos. Es buen momento para que sea más creativo en su modo de explorar. Tiene la determinación y la confianza en sí mismo para ser más variado en sus reacciones; lo único que necesita es un poco de orientación y unas cuantas indicaciones.

Por ejemplo, cuando forcejee para colocar una figura especialmente irregular en su hueco del clasificador de formas, recuérdele que puede darle la vuelta a la figura o intentar otras figuras en ese agujero. Al principio quizá no tenga ganas de seguir su consejo porque prefiera alcanzar el éxito sin ayuda, pero con el tiempo lo probará.

El consejo específico que le ofrezca no es lo importante; lo que importa es que usted haya ayudado a su hijo a pensar de un modo más creativo, enfocando los retos desde distintas perspectivas.

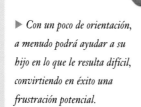

▶ *Con un poco de orientación, a menudo podrá ayudar a su hijo en lo que le resulta difícil, convirtiendo en éxito una frustración potencial.*

◀ *Ahora, su hijo disfrutará siguiendo un cuento sencillo y reaccionará a los personajes que reconozca.*

Siga desarrollando su juego imaginativo aunque su imaginación siga siendo limitada. Por ejemplo, léale cuentos utilizando diferentes voces y variando el volumen de su voz dependiendo de la acción. Descubrirá que imita sus expresiones faciales mientras escucha cada palabra, sincronizando su estado de ánimo con el que usted exprese. Sin embargo, no cuente los cuentos de un modo demasiado teatral, ya que los niños se embeben tanto que se trastornan por las emociones que experimentan.

Ayude a aumentar gradualmente el tiempo que su hijo sea capaz de mantener su atención, ya que así contribuirá a sus capacidades de aprendizaje en general. Una estrategia es simplemente sentarse a su lado mientras juega. Los estudios psicológicos han hallado pruebas de que es más probable que un niño juegue más rato en presencia de uno de sus padres. Otra estrategia es observarle en una actividad y, cuando vea que está apunto de pasar a otra cosa, proponerle que siga con la misma un rato más. Pero no espere demasiado de él a esta edad.

▼ *Los juegos con agua cautivan a los niños de este grupo de edad y les proporcionan una idea básica del volumen y de las cantidades.*

## ✦✦✦✦✦ Consejos ✦✦✦✦✦

**1. Amplíe sus intereses en el juego.** Aprenderá mejor cuando juegue con una gama de juguetes en lugar de concentrarse en sólo uno o dos. Si usted advierte que juega continuamente con los mismos juguetes todos los días, intente desviar su interés hacia otros distintos.

**2. Ofrézcale oportunidades de jugar en el agua.** Tanto a la hora del baño como a cualquier otra hora del día, deje a su hijo jugar con vasos y agua. Aprenderá acerca de las cantidades y de los volúmenes a través de la experiencia de llenar y vaciar recipientes de distintos tamaños.

**3. Espere cambios graduales.** Naturalmente, usted espera que progrese rápidamente en su aprendizaje. Intente no ejercer demasiada presión sobre su hijo para que aprenda nuevas habilidades continuamente o se volverá ansioso, irritable o incapaz de aprender. De vez en cuando, déjele relajarse y dedicarse a una actividad que ya domine perfectamente.

**4. Practique un nuevo aprendizaje de forma escalonada.** Su hijo aprende mejor durante períodos cortos de tiempo. Por ejemplo, varios episodios de 5 minutos separados por descansos de 15 minutos es una manera de aprender más beneficiosa que una sesión continua de 1 hora.

**5. Déle tiempo.** A usted quizá se le encoja el corazón observando a su hijo mientras prueba todas las posibles posiciones de la pieza del puzzle menos la correcta. Pero no se apresure demasiado a ayudarle; necesita tiempo para probar por sí mismo distintas estrategias.

## P reguntas Y R espuestas

**P** ¿Qué tipo de puzzle debería ser capaz de resolver mi hija de 18 meses?

**R** Aunque sus capacidades de aprendizaje y coordinación hayan mejorado, los puzzles y los rompecabezas aún le resultarán muy difíciles. Un niño de esta edad habitualmente resuelve los puzzles de tablero de unas cuatro o cinco piezas de madera. Sin embargo, probablemente necesitará práctica antes de poder colocar todas las piezas en su lugar.

**P** Mi hijo está impaciente por aprender. Si no sabe resolver un puzzle, tiene una rabieta. ¿Qué debo hacer?

**R** Su deseo de aprender es tan fuerte que no sabe esperar y de ahí la rabieta cuando la solución no surja inmediatamente. Cálmele primero y luego siéntese a su lado y enséñele a solucionar el problema. Finalmente, pídale que complete la actividad bajo su supervisión.

🧸🚚 **Juguetes:** puzzles de tablero, libros de cuentos, figuras de plástico, cubos de construcción, bandeja de arena y agua, cubos que encajan unos dentro de otros.

# Estimulación del aprendizaje: de los 19 a los 21 meses

El cambio principal en las capacidades de aprendizaje de su hijo en esta etapa es que se volcará hacia el exterior con más atención. Por supuesto, siempre ha sentido curiosidad por aprender, pero ahora buscará estimulación más lejos. Su confianza habrá aumentado, dejándole emocionalmente preparado para afrontar nuevos retos de aprendizaje. Se concentrará más y estará más resuelto; incluso más motivado para concluir lo que empiece.

### LA PERMANENCIA DEL OBJETO

Usted sabe que cuando guarda, por ejemplo, un jersey en un cajón, la prenda sigue allí aunque no la vea; eso es lo que los psicólogos llaman «permanencia del objeto». Su hijo no acabará de asimilar ese concepto hasta después de cumplir los 18 meses.

Antes de esta fase, dejaba de mirar un objeto que había salido de su campo de visión. Era cuestión de ocultarlo de su vista para que desapareciera de su mente. Ahora, sin embargo, comprende perfectamente la permanencia del objeto; por eso lo busca aunque no lo vea realmente, siempre que sepa dónde está.

### Sugerencias

Mitigue su insaciable sed de nuevos datos e información. Durante varios meses, se ha dedicado a explorar todos los rincones ocultos de la casa. Ahora es el momento de ampliar su círculo de intereses. Cuando lleve a su hijo de compras o a casa de unos amigos –o a cualquier sitio–, anímele a mirar a su alrededor, a prestar atención a lo que ocurra. La actividad de una calle concurrida, el animado trajín de los pasillos del supermercado, todo contiene nuevos estímulos que se suman a su aprendizaje. Hable con él sobre el entorno, señálele las personas y los objetos distintos a medida que avancen y responda a sus preguntas.

A su hijo le encanta jugar con cosas que le embadurnen las manos, como pintar, modelar arcilla y jugar con arena y agua. Tal vez sean las sensaciones táctiles que obtiene sumergiendo las manos en estas sustancias lo que hace tan placenteras estas actividades, o puede que sólo sea la posibilidad de armar un estropicio sin preocuparse por el desorden.

▼ *Su hijo siente cada vez más curiosidad por el mundo que le rodea y adora observar a otros niños jugando.*

**P** ¿Los niños de esta edad distinguen los colores?

**R** La percepción del color se tiene desde el nacimiento y se desarrolla a partir de ese momento. A esta edad, sin embargo, su hijo no sabe el nombre de los colores, ni puede clasificarlos en grupos. Pero aprecia las distintas características visuales de los diferentes colores. Facilite este proceso nombrando los colores de su ropa mientras le viste.

**P** ¿Cuál es el tiempo óptimo que mi hijo debería dedicar a ver la televisión cada día?

**R** No existe un tiempo establecido porque depende mucho del tipo de programas que vea. Pase el tiempo que pase su hijo viendo la televisión, asegúrese de que los programas sean apropiados para su grupo de edad, que no vea el mismo programa una y otra vez y que la televisión no le impida realizar otras actividades. Sin embargo, puede utilizar los programas de televisión para mejorar su vocabulario y su comprensión hablando con él sobre lo que ha visto.

**Juguetes:** arcilla o plastilina para modelar, muñecos de peluche, puzzles de piezas geométricas, puzzles de tablero, muñecos articulados, libros ilustrados, cajas con tapa.

▲ *A su hijo le encantará la textura de la arena deslizándose entre sus dedos, rastrillarla, cavar en ella y modelarla.*

## ❖❖❖❖❖❖ Consejos ❖❖❖❖❖❖

**1. Entable conversación con él siempre que pueda.** Hablar con usted estimula su mente, le ayuda a plantearse cosas que de otro modo quizá no pensaría y le permite a usted orientar sus pensamientos hacia temas concretos. Es un buen impulso para el aprendizaje.

**2. Reduzca las distracciones.** Usted puede reforzar la capacidad de concentración de su hijo reduciendo las distracciones mientras juegue. Por ejemplo, apague el televisor mientras juega con sus muñecos y, si quiere, retire algunos de los juguetes con los que ya no esté jugando.

**3. Anímele a explorar.** Si su hijo es tímido a veces y es reacio a investigar y explorar por su cuenta, dígale, por ejemplo: «Vamos a ver qué es esto». Su apoyo le proporcionará la confianza que necesitaba para ser más atrevido.

**4. Ofrézcale apoyo emocional.** Su método de aprender por ensayo y error es eficaz, pero implica inevitables experiencias de fracaso y frustración. Esté siempre a punto para darle un abrazo de consuelo cuando no haya conseguido el éxito que esperaba.

**5. Déle juguetes que estimulen su uso del simbolismo.** Los vehículos de juguete, los muñecos o los animales en miniatura estimulan su imaginación, ya que representa escenas que inventa él mismo. Sugiérale que lo intente, si todavía no se le ha ocurrido.

En cualquier caso, aprende acerca de las formas y de los tamaños mientras se enfrasca en el juego. Intente incorporar esta clase de juegos en sus actividades cotidianas. Encárguele tareas específicas para reforzar su memoria. Por ejemplo, pregúntele: «¿Sabes dónde está tu pelota?», o bien pídale: «Tráeme un vaso de la cocina.» No siempre cumplirá estas instrucciones, de hecho quizá resulte que no vuelva hasta al cabo de un buen rato, habiéndose olvidado por completo de lo que usted le había pedido. Sin embargo, las peticiones básicas como éstas mejorarán su memoria a corto y a largo plazo.

A esta edad necesita explorar para aprender y para satisfacer su curiosidad. Aun así, usted necesitará garantizar su seguridad. Por eso debe prepararse para imponer límites e incluso áreas de exclusión si cree que su pequeño explorador corre peligro de lastimarse.

▼ *Enfadarse cuando las cosas no le salen como esperaba es muy habitual a esta edad y los gestos tranquilizadores de un adulto son muy importantes.*

# Estimulación del aprendizaje: de los 22 a los 24 meses

A medida que se acerque el final de su segundo año, su hijo será más independiente en todas las áreas, incluyendo las habilidades intelectuales. Comprenderá que ejerce cierto control sobre lo que ocurre a su alrededor y eso aumentará su deseo de explorar. A través del juego imaginativo, pondrá a prueba nuevas ideas, y usted descubrirá que ésta es su actividad favorita.

## LOS TESTS DE INTELIGENCIA

Un test de inteligencia es una serie de pequeñas tareas que algunos psicólogos utilizan para evaluar las capacidades de aprendizaje de un niño. Esta forma de evaluación se fija en capacidades que incluyen la memoria, el reconocimiento de patrones, el razonamiento, el lenguaje y la comprensión. Los tests de inteligencia están estandarizados, lo que significa que la puntuación concreta de un niño se compara con la media de otros niños de su edad.

Si bien los tests fueron muy populares durante una época, muchos psicólogos no los usan en la actualidad porque existen serias dudas relacionadas con la fiabilidad y la validez de sus evaluaciones. Además, algunos profesionales los consideran insuficientes porque ofrecen una imagen inexacta del verdadero potencial de aprendizaje del niño.

## Sugerencias

Deje que su hijo siga sus pasos por la casa mientras usted la ordena, prepara la comida, ve la televisión, llama por teléfono o realiza cualquier otra actividad cotidiana. Él aprenderá observando atentamente, haciendo preguntas e imitando sus actos. Por eso debería prepararse para tener una «sombra» siguiéndole dondequiera que vaya y para explicarle las cosas por el camino. Por ejemplo, cuéntele la razón por la que necesita lavar las verduras que está preparando para la cena. Su hijo escuchará con gran atención estas explicaciones.

Anímele a jugar con una gama de puzzles. Búsquelos difíciles pero no demasiado, o se rendiría antes de intentar resolverlos. Ya estará familiarizado con los puzzles de tablero y por

▼ *Al aproximarse a los 2 años, tiene una idea mejor de cómo ensamblar piezas. Pero no dude en ayudarle si algo es demasiado complejo para que él lo resuelva solo.*

eso se sentirá lo bastante confiado como para intentar otros desconocidos y con un mayor número de piezas. Ya puede darle su primer puzzle troquelado, que sólo debería constar de dos piezas que encajen fácilmente y de un tamaño adecuado para que lo manipulen manos pequeñas. A su hijo le beneficiarán los elogios cuando muestre la solución completa.

Usted puede estimular su memoria pidiéndole que busque un objeto familiar. Los niños disfrutan ayudando a los adultos y les gusta el desafío. Conviértalo en un juego. Por ejemplo, asegúrese de que vea que usted deja el periódico encima de la mesa de la cocina. Al cabo de unos minutos, cuando ambos se encuentren en otra habitación, finja que

▲ *Empiece a enseñarle que las cosas se reúnen en grupos como animales, pájaros, flores, comida, etc.*

no se acuerda de dónde lo ha dejado y pregúntele: «¿Dónde he dejado el periódico?». Él pensará unos momentos, se dirigirá apresuradamente a la cocina y regresará orgulloso al cabo de un instante con el periódico en sus manos.

Recuérdele que piense en el puzzle y en sus posibles soluciones antes de intentar resolverlo. Naturalmente, aún necesita utilizar técnicas de ensayo y error como parte de su proceso de aprendizaje, pero ahora será más capaz de pensar antes de actuar. Anímele a mirar el puzzle antes de dárselo y en cuanto haya dedicado varios segundos a pensar en él, dígale que pruebe su idea. Si no funciona, debería pensar otra vez y volverlo a intentar.

▼ *Su hijo aprende los rudimentos de la planificación: si usted le pregunta qué va a hacer cuando juegue con los cubos de construcción quizá le responda que va a construir una torre, por ejemplo.*

## ❖❖❖❖❖❖ Consejos ❖❖❖❖❖❖

**1. Déjele sentarse en la mesa.** Su hijo probablemente pasará mas tiempo entretenido con los juguetes cuando esté cómodamente sentado en la mesa con los juguetes esparcidos ante él pero a su alcance.

**2. Pídale que explique sus actos antes de realizarlos.** Esto le anima a pensar con antelación. Por ejemplo, cuando vea que está a punto de edificar algo con bloques de construcción, pídale que le cuente qué pretende hacer.

**3. Charle con él sobre la rutina de el día anterior.** Él disfruta cuando usted le presta atención y se alegrará de relatarle las actividades del día anterior. Finja que no se acuerda de algunas cosas que hicieron juntos para azuzar sus recuerdos.

**4. Empiece a hablar de categorías.** Usted puede ayudar a su hijo a desarrollar la capacidad de agrupar artículos recalcando las agrupaciones habituales en la conversación cotidiana; él empieza a entender que hay categorías de cosas llamadas, por ejemplo, «juguetes», «ropa» y «comida».

**5. Reserve un rato tranquilo cada día.** Procure especialmente disponer de un rato tranquilo cada día, para sentarse con su hijo en la misma habitación, cada uno dedicado a su actividad de ocio sin ninguna otra distracción. Esto potenciará mucho la concentración del pequeño.

# **P**reguntas **y** **R**espuestas

**P** ¿Por qué mi hija de 2 años recuerda algunas cosas de hace 2 meses pero no otras?

**R** Los recuerdos son más fáciles de evocar cuando son vívidos, significativos y excitantes. Por eso su hija recuerda la fiesta de su amiga a la que acudió hace varios meses y no recuerda lo que vio ayer por televisión. Cuanto más estimulante haya sido la experiencia, más probable es que su recuerdo perdure.

**P** ¿Es verdad que el sentido del humor y la inteligencia están relacionados?

**R** Todo niño es capaz de reírse, al margen de sus capacidades de aprendizaje. El hecho de que unos niños rían más que otros se debe a diferencias de personalidad, no intelectuales. No obstante, algunos chistes verbales requieren una comprensión elaborada del lenguaje y por eso el niño tiene que haber alcanzado ese grado de desarrollo para apreciar el sentido del humor.

**Juguetes:** puzzles de tablero y troquelados, clasificadores de formas, lápices de colores y papel, juego de herramientas o utensilios de jardinería de juguete.

# Estimulación del aprendizaje: de los 25 a los 30 meses

¡Qué transformación en la comprensión del mundo que le rodea! Además de pasar tiempo con usted, su hijo adorará la compañía de otros niños de su edad. Jugando y hablando con sus iguales, su hijo aprenderá toda una gama de habilidades con más rapidez que si estuviera solo. Se sorprendería usted de las nuevas ideas que adquiere de otros niños.

### ANIMISMO

Los psicólogos emplean el término «animismo» para referirse a la tendencia de un niño a asignar cualidades humanas a objetos inanimados. A los 2 años y medio, por ejemplo, su hijo quizá le diga que la luna le sonríe por las noches. O si ve que su automóvil tiene una abolladura, puede intentar acariciarlo para que se cure antes.

Es un signo más del constante desarrollo de su imaginación y de su nueva capacidad de utilizar símbolos, y además le hace sentir más seguro. Su tendencia hacia el animismo dura varios años, y algunos adultos conservan este esquema de pensamiento (por ejemplo, poniendo nombre a sus pertenencias más preciadas).

### Sugerencias

Su hijo estará interesado por los detalles como si se hallara inmerso en un gran cuadro, razón por la cual parece sentir tanta curiosidad por los aspectos más mínimos. Potencie esta curiosidad proporcionándole nuevas fuentes de estimulación, como visitas al zoo o incluso a una tienda de animales. Prepárese para responder a todas sus preguntas sobre por qué los pájaros tienen plumas y él no, por qué los tigres tienen

rayas, etc. ¡Y prepárese para darle la noticia de que no puede tener una jirafa en casa!

Si le compra un animal doméstico pequeño como un pez, se sentará en silencio a observarlo nadar dando vueltas por la pecera. Las acciones del pez le hipnotizarán por completo. Es un signo de su deseo de aprender.

▼ *En el juego fingido, un niño representa a menudo lo que ha visto en la vida real.*

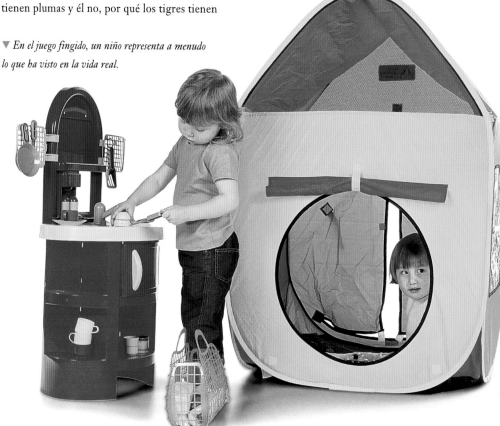

▲ *Muestre comprensión hacia una conducta difícil. Quizá sea duro para su hijo comprender las razones de algunas reglas.*

## ✦✦✦✦✦ Consejos ✦✦✦✦✦

**1. No le limite demasiado.** Deje que su hijo explore libremente mientras usted le vigila. La seguridad siempre debe ser su prioridad principal. Si se dirige a un territorio potencialmente peligroso, reoriéntele suavemente hacia otro más seguro.

**2. Nombre un objeto y pida a su hijo que lo recuerde.** Cuando esté enfrascado en una actividad, dígale algo para que lo recuerde, quizá un tipo de comida o una prenda de ropa. Al cabo de unos minutos, pídale que recuerde el objeto mencionado.

**3. Léale muchos cuentos.** Descubrirá que no sólo escucha atentamente, sino que hace muchas más preguntas sobre los acontecimientos a medida que usted lee. Cada dos por tres, pregúntele qué cree que ocurrirá a continuación.

**4. Muéstrele fotografías recientes de su familia.** Pídale que identifique a las personas de la fotografía y luego si sabe dónde se tomó. Si es necesario, déle pistas para avivar sus recuerdos. Él disfrutará plenamente con esta actividad.

**5. Practique el emparejamiento de colores.** Cuando vista a su hijo por la mañana, separe tres prendas de distintos colores. Sostenga en alto una prenda roja y diga a su hijo: «Trae un jersey del mismo color que ésta». ¡Es posible que acierte!

Propóngale que dibuje el pez. Explíquele por qué necesita comer con regularidad y que le cambien el agua cada semana. Todos los detalles son importantes para él.

Comprobará su fascinación por los detalles en toda su expresión cuando su hijo mire un libro ilustrado. Identificará aspectos de las imágenes que antes le habían pasado desapercibidos simplemente porque no estaba lo bastante maduro para apreciarlos. Ahora no se le pasará nada por alto. Dedique más tiempo a cada página, dándole la oportunidad de estudiarlas con detalle. Sólo pase a la siguiente cuando crea que ya ha exprimido toda la información que quería.

Adora las situaciones de juego fingido que imitan la vida real, como estar en la cocina o en una tienda, y eso potencia mucho su aprendizaje. Si es posible, consiga una cocinita con cuantos utensilios de juguete pueda reunir. Pídale que prepare un pastel; se deleitará mezclando harina y agua, jugueteando con la masa y vertiéndola en una bandeja para que usted se la «coma». Jugará con sus amigos y representará escenas como ir a comprar al mercado.

▲ *Un recinto seguro al aire libre donde usted pueda vigilar a su hijo al tiempo que le deja libertad para explorar con independencia es genial para su confianza en sí mismo.*

# Preguntas y Respuestas

**P** ¿Es verdad que el benjamín de la familia suele tener procesos intelectuales más creativos que el mayor?

**R** Existen pruebas de que el segundo hijo y el último suelen pensar de forma más creativa que el primogénito. Sea cual sea la explicación, quizá descubra que su benjamín es más flexible y encuentra soluciones más innovadoras para los problemas que su hermano o hermana mayor.

**P** ¿Si mi hijo necesita que le llamen la atención constantemente significa que no comprende las normas o que decide saltárselas?

**R** Sin duda conoce el significado de «no» y probablemente comprenda más reglas de las que usted cree. Pero su capacidad de utilizar la información que ha averiguado recibe la influencia de muchos factores, incluyendo su grado de excitación y el alcance de su atención. Se olvida fácilmente de lo que ha aprendido si se abruma con otras distracciones.

**Juegos:** utensilios y aparatos domésticos de juguete, material para manualidades, puzzles troquelados grandes, juegos de construcción.

# Estimulación del aprendizaje: de los 31 a los 36 meses

Las capacidades de aprendizaje de su hijo progresarán mucho en los 6 meses anteriores a su tercer cumpleaños. Su memoria habrá mejorado, interpretará mejor el significado de sus experiencias y tendrá una viva imaginación, un uso cabal del lenguaje y una mayor capacidad de concentración. Cuando cumpla los 3 años, su hijo estará preparado para aprender muchos conceptos nuevos.

**UNA PROFECÍA AUTORREALIZABLE**

Probablemente ya se haya formado una opinión sobre las posibilidades de su hijo y quizá haya decidido inconscientemente si es brillante, normal o mediocre. Sin duda, esto puede crear lo que los psicólogos llaman «una profecía autorrealizable».

Por ejemplo, suponga que cree que su hijo no es muy listo. Esperará menos de él y aceptará como válidos logros suyos más modestos; esto probablemente desmotivará a su hijo y con toda seguridad frenará sus progresos. Su predicción se hará realidad. Por eso es vital esperar lo máximo del potencial de aprendizaje de su hijo y proporcionarle continuamente un alto grado de estimulación.

**Sugerencias**

Tenga en cuenta que su hijo sigue aprendiendo de las experiencias cotidianas con usted y con otros niños, de su rutina diaria y de sus actividades lúdicas. Éstas siguen siendo las fuentes clave de estimulación natural. Y ahora que ha crecido, puede sentarse tranquilamente durante más rato, lo cual incrementa las posibilidades de aprender.

Si su hijo está particularmente inquieto en las situaciones que requieran concentración, ayúdele a mejorar su capacidad de concentración sentándose a su lado. Cada vez que vea que su atención empieza a desviarse, recuérdele amablemente que se concentre en la actividad que tiene entre manos.

Propóngale juegos concebidos específicamente para ampliar y mejorar su memoria. Por ejemplo, deje aproximadamente seis objetos en una bandeja frente a su hijo. Pídale que mire la bandeja y trate de recordarlos todos. Explíquele que usted se llevará la bandeja y que él deberá acordarse del mayor número de objetos que pueda. Esconda la bandeja. Probablemente descubra que su hijo es capaz de recordar al menos dos o tres objetos, y es muy posible que más. En cuanto acabe, muéstrele de nuevo la bandeja.

◀ *La viva imaginación de su hijo será cada vez más evidente en sus juegos.*

Usted puede mejorar el rendimiento de su hijo en esta actividad enseñándole la estrategia de repetirlos. Cuando intente memorizar los objetos de la bandeja, sugiérale que diga sus nombres en voz alta una y otra vez. Esta técnica –que usted probablemente utilice para memorizar, por ejemplo, números de teléfono– mejorará su memorización de los objetos. Estará encantado con los resultados. Igualmente, cuando le dé instrucciones sencillas para que las cumpla, pídale que se las repita. Así aumentará la

▲ *A los 36 meses, esta niña asimila constantemente información e ideas de su hermana mayor.*

## ⬧⬧⬧⬧⬧⬧ Consejos ⬧⬧⬧⬧⬧⬧

**1. Enséñele los primeros conceptos numéricos.** Muestre un bloque de construcción a su hijo y diga: «Uno para ti.» Luego muéstrele otro y diga: «Dos para ti». Su hijo quizá comprenda los números hasta el tres o el cuatro.

**2. Propóngale actividades de clasificación.** Por ejemplo, pida a su hijo que coloque animales de juguete en un lugar y figuras de personas en otro. Descubrirá que lo consigue siempre que piense con cuidado.

**3. Siga interesándose por su aprendizaje.** Aunque sea mayor y más maduro, todavía necesita que usted se sienta orgulloso de sus logros y que le alabe cuando aprenda algo nuevo. Su hijo necesita su aprobación.

**4. Ayúdele a establecer clasificaciones.** Por ejemplo, diga: «Cuéntame qué te gustaría comer» y cuando haya nombrado varios platos, pídale que le diga más. Si incluye un producto que no sea un alimento, dígale: «No, eso no se come.»

**5. Enséñele a reconocer su nombre escrito.** Al principio no distinguirá la diferencia entre su nombre y otras palabras escritas. Señáleselo y anímele a encontrar la misma palabra en otro lugar de la hoja de papel.

cantidad de información retenida en su memoria a corto plazo.

Además de leerle cuentos a su hijo, sugiérale que invente él uno para contárselo a usted. Esto le anima a usar el pensamiento simbólico, basarse en experiencias anteriores y recuerdos a largo plazo, fusionar conceptos y probar nuevas estructuras lingüísticas. Su cuento quizá sea difícil de seguir, pero es un uso activo de las capacidades de aprendizaje de su hijo.

▲ *A esta edad, su hijo disfruta especialmente de las actividades y de los libros en compañía de sus padres.*

## P<sub></sub>reguntas Y R<sub></sub>espuestas

**P** ¿Los progresos en el aprendizaje se frenan al acercarse a los 3 años?

**R** No. El ritmo de aprendizaje de un niño en realidad aumenta porque puede pensar en conceptos que antes carecían de sentido para él. Por ejemplo, empieza a captar el significado de los números y las nociones espaciales y temporales. Quizá también reconozca que las letras y las palabras tienen una forma específica, lo cual es un primer paso para la pre-lectura.

**P** Cuando mi hija de 3 años me vio amasando una bolita de arcilla hasta formar un cilindro delgado, insistió en que ahora había más arcilla. ¿Por qué creyó eso?

**R** Su hija no entiende que la cantidad de arcilla sigue siendo la misma con independencia de su forma. Pero sí advierte que la forma delgada es más larga y llega a la conclusión errónea de que por lo tanto debe contener más arcilla.

**Juguetes:** muñecos articulados y vehículos en miniatura, juegos de emparejar colores y formas, puzzles de tablero de ocho piezas de distintas formas, puzzles troquelados más grandes, disfraces.

# Desarrollo

# socioemocional

# Desarrollo socioemocional

Hacia los 15 meses de edad, los rasgos de personalidad de su hijo se revelan claramente y es posible anticipar cómo reaccionará cuando, por ejemplo, conozca a un extraño o no encuentre el juguete que busca, o cuando las cosas no salgan según lo planeado. Su desarrollo socioemocional entra en una nueva fase a esta edad, a medida que su propia identidad empieza a desarrollarse. Querrá tomar decisiones, hacer las cosas por sí mismo y puede que sea muy insistente.

Enseguida descubrirá que a su hijo le gusta salirse con la suya. A partir de los 15 meses, aproximadamente, se centrará casi exclusivamente en sí mismo. Cuando quiera algo, esperará conseguirlo de inmediato y no le importará que los demás estén cansados o que lleve todo el día «dando la lata». Desde su punto de vista, él es lo primero y las opiniones o preferencias de los demás no cuentan.

Y no es sólo que prefiera estar al mando: insistirá mucho en ello. Si usted no le deja hacer lo que quiere, puede sufrir una rabieta. Su hijo se

◄ *Los niños son egocéntricos por naturaleza y por lo tanto suelen pensar sólo en sí mismos.*

enfurecerá porque no le deja hacer lo que él quiere en ese momento. La obstinada determinación de su hijo no tendrá límites.

### El egocentrismo infantil

Aunque este tipo de conducta en un adulto se describiría como egoísmo, esa descripción no es válida para un niño de esta edad. Su conducta es «egocéntrica» en el sentido literal de la palabra, más que «egoísta». Es egocéntrico porque no entiende el punto de vista de nadie más. Se han realizado numerosos estudios psicológicos que confirman que a los niños de esta edad les cuesta plantearse cómo piensan y sienten los demás.

Este estado de egocentrismo –que puede durar hasta la edad de 3 o 4 años– afecta al desarrollo socioemocional de su hijo de varias maneras.

• **Baja tolerancia a la frustración.** Su egocentrismo conlleva que se quede totalmente conmocionado en cuanto

sus deseos se vean entorpecidos, tanto por usted como porque simplemente no logre alcanzar su objetivo. Quizá experimente un repentino ataque de frustración que lo desborde; sencillamente, no puede creer que no consiga lo que quiere cuando lo quiere.

• **Indiferencia social.** Cuando observe a su hijo de 15 meses jugando en compañía de otros niños de la misma edad, comprobará que no son conscientes de los sentimientos de los demás.

▲ *Antes de los 3 años, su hijo puede pasar mucho tiempo concentrado en actividades solitarias, en vez de jugar con los demás.*

El egocentrismo es la causa de que un niño arrebate un juguete de la mano de otro sin pensárselo dos veces ni preguntar, simplemente porque lo quiere.

• **Rabietas frecuentes.** Cuando haya marcado límites a su hijo de 2 o 3 años, es probable que él esté furioso con usted. Es incapaz de aceptar que usted ha fijado reglas para que él las cumpla; desde su perspectiva, sus sentimientos son lo primero.

Recuerde, no obstante, que su hijo sigue siendo un niño fantástico, cariñoso, que da mucho amor, a usted y a otros miembros de la familia. A pesar del aumento de los berrinches y otras muestras de frustración, habrá muchas ocasiones en las que esté tranquilo y todos se diviertan mucho en su compañía. Disfrute de estos momentos y esfuércese por evitar que los episodios más incómodos les dominen.

## Vulnerabilidad

A pesar de esta exhibición de capacidad de decisión e independencia, su hijo sigue siendo vulnerable socioemocionalmente. El mismo niño que apenas unos minutos antes se enfadaba porque usted «había tenido la desfachatez» de pedirle que dejara de jugar y se preparara para el baño, ahora se aferra a usted sollozando porque no encuentra su muñeco de peluche favorito. La confianza en sí mismo se tambalea fácilmente a esta edad, convirtiendo la alegría en aflicción, la risa en llanto, en un abrir y cerrar de ojos.

Y lo mismo es válido para la sociabilidad de su hijo. Habrá observado que disfruta en compañía de otros niños, aunque todavía no domine las prácticas sociales necesarias para jugar cooperativamente con ellos. Cuando esté con sus iguales, los observará con curiosidad y se sentirá cómodo y satisfecho en su compañía. Pero sólo hace falta que otro niño se le acerque inesperadamente para que, en cuestión de segundos, corra hacia usted en busca de protección porque se habrá asustado.

### Apoyo y sensibilidad

Este contraste en su hijo entre determinación y seguridad en sí mismo y una evidente vulnerabilidad emocional exige tratar con sensibilidad sus cambios de humor. Por un lado, sus rabietas fuerzan el límite de la tolerancia de cualquier adulto y se necesita mucha voluntad para no ceder a sus exigencias. Por el otro, él necesita el cariño y el apoyo de sus padres cuando sufre algún percance.

▲ *Un niño de 3 años puede parecer increíblemente seguro de sí mismo, pero se desmoronará fácilmente si se tropieza con algo que no conoce bien.*

Usted puede ayudar a su hijo enseñándole qué conducta es aceptable y cuál no, dándole mucho amor para aumentar su sensación de seguridad, ofreciéndole ayuda y consejo cuando se enfrente a retos demasiado difíciles y sugiriéndole maneras de aprender a relacionarse con otros niños.

▼ *Recuerde que, por insistente que sea su hijo a veces, el amor y la atención de los padres es esencial para su aprendizaje y su felicidad.*

# Desarrollo socioemocional

| Edad | Aptitud |
|---|---|
| **15-18 meses** | Empieza a afirmar su personalidad y demuestra su resolución intentando imponerle su autoridad a usted. Las rabietas son comunes a esta edad. |
| | Quiere hacer más cosas solo en áreas clave de su vida, especialmente al comer y al vestirse. |
| | A su hijo le fascinan los demás niños y les observa atentamente cuando está en su compañía. |
| **19-21 meses** | Muestra signos de estar casi preparado para empezar a ir al baño solo, aunque su control de la vejiga es poco probable que esté lo bastante maduro para iniciar realmente el proceso. |
| | La mayor seguridad en sí mismo de su hijo le impulsa a desafiar a los adultos y no ocultará su frustración cuando usted no le deje hacer lo que quiere. |
| | Su hijo se esfuerza mucho por conseguir que usted le dedique su atención, ya sea conversando con él o participando en sus actividades. Ahora valora más su compañía. |
| **22-24 meses** | Los niños de 2 años no comparten nada de buen grado. A su hijo le puede parecer bien quitarle un juguete a otro niño sin pedirlo, pero llorará cuando a él le hagan lo mismo. |
| | En general hace más cosas por su cuenta en casa. Su habilidad para comer solo aumenta y ya ha empezado a usar el orinal, aunque no de forma continuada. |

# De los 15 meses a los 3 años

## Qué hacer

Ayúdele a gestionar su autoafirmación y las inevitables frustraciones con más eficacia reaccionando paciente y calmadamente a sus exigencias. Cuando esté furioso con usted por haberle dicho que no a algo, aténgase a los límites que ha impuesto. Él necesita que usted sea coherente.

Anime a su hijo a sostener la cuchara de un modo que le permita comer solo. Para él es todo un reto, pero conseguirá llevarse a la boca la mayor parte de la comida. Comer solo es un paso importante hacia la consecución de una mayor autonomía.

Proporciónele ocasiones de juego social, ya sea en un grupo de padres e hijos o en casa de un amigo. Sin embargo, no espere que se relacione con sus iguales, porque aún no sabe cómo ser sociable.

Busque signos de que está preparado para aprender a usar el orinal, por ejemplo, si avisa de que tiene el pañal mojado, o si le pide a usted que se lo cambie porque está incómodo, o si descubre que todavía lo tiene seco al cabo de varias horas. Compre un orinal para que su hijo se familiarice con él para cuando esté preparado para utilizarlo.

Su hijo puede poner todo su empeño en intentar que usted cambie de opinión respecto a algo concreto. Si le da una rabieta, no caiga en la tentación de ceder, o la próxima vez ésta será aún mayor.

Reaccione positivamente cuando su hijo intente entablar una conversación con usted. Aunque no entienda todo lo que dice, establezca contacto visual con él y muestre interés por lo que intenta decir. Procure jugar con él todos los días.

Tenga paciencia cuando su hijo se enfade mientras juega con otros niños. Anímele a compartir sus juguetes y a que vuelva a jugar con ellos, consuélele si le sienta mal compartir sus cosas y luego condúzcale de nuevo hasta la situación de juego. Cuanto más contacto tenga con otros niños, más deprisa aprenderá las ventajas de compartir.

Fomente la creciente autonomía de su hijo en su aseo diario. A la hora de comer, anímele a usar la cuchara para comer solo y a beber de un vaso al menos medio lleno. Permítale ayudar a «lavarse» cuando le bañe. Todo esto potenciará su confianza en sí mismo y su predisposición a probar nuevas actividades.

# Desarrollo socioemocional

| Edad | Aptitud |
|------|---------|
| | Las separaciones temporales de usted pueden resultarle difíciles, y quizá intente aferrarse a sus piernas en el momento en que comprenda que está a punto de dejarle con otra persona. |
| **25-30 meses** | Las habilidades de autoayuda han aumentado mucho. Disfruta con la recién descubierta libertad que le proporciona la autonomía, aunque siga dependiendo de usted gran parte del tiempo. |
| | Tras superar la etapa del juego en solitario, ahora juega al lado de otros niños y a veces incluso intenta jugar con ellos. |
| | Su deseo de explorar por sí mismo y probar más cosas solo provoca también más experiencias de frustración y fracaso. A veces puede desanimarse por completo. |
| **31-36 meses** | Es probable que su hijo esté limpio y seco durante todo el día (aunque habrá «accidentes» esporádicos) y puede plantearse empezar a educarle para que también lo esté por la noche. |
| | A pesar de su inmadurez en las conductas sociales, quizá empiece a formar una amistad especial con otro niño, probablemente el que vea con más frecuencia. |
| | Cada vez es más consciente de los sentimientos de los demás, sobre todo cuando son infelices, y realiza un esfuerzo positivo por ayudar y consolar a alguien afligido. |

# De los 15 meses a los 3 años

**Qué hacer**

Prepárese para dejar a su hijo brevemente al cuidado de una persona de confianza, como un canguro en el que confíe, un pariente o un amigo. Si su hijo parece alterarse en el momento de separarse de usted, cálmele, déle un fuerte abrazo y márchese. Recuerde, dejará de llorar poco después de que usted se haya ido.

Implique activamente a su hijo en las operaciones de vestirse y desvestirse. Por ejemplo, ayúdele a bajarse los pantalones y la ropa interior para ir al baño y a quitarse los calcetines y la camiseta para acostarse. Ya debe ser más pulcro en sus hábitos alimentarios.

Prepárese para apoyar a su hijo cuando juegue con sus iguales. Es fácil que surjan desavenencias, simplemente porque los niños de esta edad no entienden las normas sociales básicas. Solucione las discusiones lo antes posible y luego anímele a seguir jugando.

Elija actividades y juguetes apropiados para sus capacidades. Cuando un desafío sea demasiado alto para él, hágale ver que no necesita enfadarse. Sugiérale que vuelva a probarlo empleando otra estrategia para resolver el problema al que se enfrenta. Manténgale tranquilo y elógiele mucho cuando lo intente por segunda vez.

Recuerde que el control de los intestinos y de la vejiga durante la noche se consigue después que el control diurno. Si el pañal de su hijo está seco por la mañana cuando se despierte, sugiérale que intente dormir sin pañal. No se enfade nunca con su hijo si moja esporádicamente la cama.

Si su hijo muestra preferencia por un niño, haga cuanto pueda por fomentar esa amistad proporcionándole muchas oportunidades de jugar juntos. No obstante, asegúrese de que también juega con otros niños, ya que las amistades cambian con mucha facilidad a estas edades.

Observe la actitud de su hijo hacia otro niño que llora. Se acerca a él con una expresión triste y preocupada y le pregunta por qué llora. Quizá le ofrezca su osito de peluche porque eso le hará sentirse mejor cuando esté trastornado.

# Estimulación del desarrollo socioemocional: de los 15 a los 18 meses

Su hijo será más autoafirmativo durante este período. Querrá hacer más cosas por su cuenta y podrá enfadarse cuando usted imponga límites a su comportamiento. Las rabietas serán frecuentes cuando no se salga con la suya. Mostrará más interés por los demás niños y jugará al lado de los de su misma edad, aunque no se relacionará realmente con ellos.

## LOS CONFORTADORES DE TRANSICIÓN

Algunos niños desarrollan un apego especial hacia un muñeco de peluche o un objeto como una manta, siguen usando el chupete mucho después de haber dejado de mamar o tomar el biberón, o bien adquieren el hábito de chuparse el pulgar o retorcerse el cabello. Es normal y no hay por qué preocuparse.

Los psicólogos creen que los confortadores de transición proporcionan a su hijo una seguridad adicional cuando la necesita especialmente, por ejemplo cuando está cansado, en un entorno desconocido o a la hora de acostarse. La mayoría de los niños dejan de necesitarlos hacia los 3 o 4 años.

## Sugerencias

La mejor estrategia para potenciar el desarrollo socioemocional de su hijo es proporcionarle oportunidades de relacionarse con otros niños de su edad. El hecho de que juegue solo en situaciones sociales parecidas no reduce la importancia de este contacto; aprenderá observando la conducta de otros niños y estudiando sus distintas maneras de jugar.

▼ *Aunque estos niños disfrutan jugando en la proximidad de los otros, todos están enfrascados en sus actividades particulares.*

Una de las maneras más populares de proporcionar el contacto con otros niños es llevándole junto a un grupo de padres e hijos del vecindario. Mientras usted esté con él durante el tiempo que pasa con el grupo, su presencia le aportará la confianza suficiente para ir sin miedo. Si acuden con regularidad se acostumbrará a estar con grupos de personas más numerosos, lo cual a su vez aumentará su confianza en sociedad. Si no hay un grupo similar en el vecindario, invite a su casa a otros padres de niños de la misma edad para que todos los niños jueguen juntos. Y, naturalmente, acepte invitaciones sociales por el bien de su hijo. Estos contactos sociales son geniales también para los padres, porque ofrecen

◀ *A esta edad su hijo empezará a mostrar preferencias por juguetes concretos y tendrá una idea más clara de lo que quiere.*

oportunidades de compartir experiencias y hablar de problemas comunes.

Su identidad se hará más firme ahora. Esto se observa de varias maneras. Por ejemplo, empezará a elegir el juguete con el que quiere jugar, en lugar de esperar que le oriente un adulto; tomará más la iniciativa en aspectos de su autonomía personal, como comer y vestirse; y probablemente pida platos concretos en las comidas.

Cuando su hijo exprese sus preferencias, no estará siendo caprichoso; sólo empieza a pensar por sí mismo. Su impulso de ser independiente puede resultarle incómodo, sobre todo cuando empiece a tomar decisiones que afecten a sus planes, pero el desarrollo de su identidad es una parte esencial del proceso de crecimiento y debe ser estimulado. Naturalmente, su hijo no puede obtener todo lo que quiere, pero usted puede ayudarle a confiar en sí mismo concediéndole la oportunidad de decidir en cuestiones menores.

▶ *La creciente sensación de autonomía de este niño se evidencia en su decidido y confiado lenguaje corporal.*

# ∗∗∗∗∗∗ Consejos ∗∗∗∗∗∗

**1. Mejore sus costumbres sociales.** Propóngale que, cuando esté con otros niños, vaya hacia ellos en lugar de quedarse junto a usted todo el tiempo. Dígale que le preste un juguete a otro niño cuando estén juntos en la misma habitación.

**2. Alabe la conducta social apropiada.** Cuando su hijo se comporte de una manera positiva en una situación social (por ejemplo, si comparte un juguete o sonríe a otro niño), abrácele fuerte para demostrarle que está satisfecho de su conducta.

**3. Deje que pruebe nuevos retos.** Si insiste en que puede hacer algo solo, retírese y deje que lo intente (siempre que no corra peligro). A través de estas experiencias aprenderá mucho sobre sí mismo y sus capacidades.

**4. Tómese con calma los celos.** Su hijo quizá se enfade cuando vea que usted habla con otro niño porque quiere toda su atención sólo para él. Déle un fuerte abrazo y asegúrele que no representa ninguna amenaza para el cariño que le tiene.

**5. Incluya a su hijo en las comidas familiares.** Siempre que sea posible, siente a su hijo a la mesa familiar a la hora de comer. Aunque puede ser muy exigente, aprenderá a comportarse en la mesa más rápido con el ejemplo que si come solo.

# P Y R

## Preguntas y Respuestas

**P** Mi hijo insiste en tener una lamparita de noche encendida. ¿Debo disuadirle?

**R** No es malo tener una luz encendida de noche, aunque se puede reducir progresivamente su dependencia adaptándole un regulador de intensidad. Asegúrese de reducir un poco la iluminación cada noche, de un modo tan gradual que él no se dé cuenta de lo que ocurre. Pronto llegará al punto en que se duerma sin luz.

**P** ¿Qué puedo hacer con mi hijo de 16 meses cuando se niegue a apartarse de mi lado en un grupo de niños?

**R** Tenga paciencia con él, a pesar de lo incómoda que le resulte su conducta. Es evidente que aún no está preparado para aventurarse solo por la sala de juegos. Hasta entonces, permítale quedarse con usted. Es casi seguro que su curiosidad innata se impondrá tarde o temprano y él empezará a alejarse paulatinamente de su lado, en busca de las emocionantes actividades que se ofrecen en cualquier otra parte.

**Juguetes:** muñecos de peluche, instrumentos musicales de juguete, puzzles de tablero, teléfono con auricular, libros ilustrados.

# Estimulación del desarrollo socioemocional: de los 19 a los 21 meses

El desarrollo del sentido del yo de su hijo le impulsará cada vez más a desafiar las normas y estructuras que usted le imponga en casa. Estará dispuesto a presionar más que antes, a pesar de que le insistan en que cumpla las reglas. Aun así, su aparente confianza en sí mismo podrá venirse abajo con sorprendente rapidez; sólo hará falta una pequeña decepción para precipitarle hacia usted en busca de un abrazo de consuelo.

## LA DISCIPLINA

Es un error pensar que la disciplina consiste principalmente en castigar el mal comportamiento. De hecho, la palabra deriva del término latino que significa «aprendizaje»; dicho de otro modo, su objetivo debería ser crear un sistema de normas en casa que permita a su hijo aprender cómo comportarse correctamente.

Sin embargo, aprenderse las normas de memoria no es beneficioso para su hijo. Si conoce una regla sin comprender por qué existe tal regla desde el principio, probablemente la infringirá en cuanto usted le dé la espalda. Intente siempre explicar en palabras sencillas el objetivo de las reglas que impone a su hijo.

## Sugerencias

La ironía de esta etapa es que cuanto más intente infringir las reglas que usted le imponga (por ejemplo, continuando cuando usted le ha dicho que se detuviera, pidiendo más caramelos cuando usted le haya dicho que ya ha comido bastantes, tocando la frágil estatuilla que usted le ha dicho que no tocara), más necesitará que usted se ciña a las reglas. Un niño criado en un entorno donde él decide las reglas puede volverse inseguro e infeliz a causa de esta ausencia de estructura y coherencia.

Esto significa que usted debe prepararse para recibir de frente la autoafirmación de su hijo, sin perder los estribos.

▲ *El parque es un lugar excelente para que los niños se relacionen; la propiedad de los juguetes no se cuestiona y siempre hay distracciones emocionantes.*

Recuerde que impone las reglas por el bienestar de su hijo. Después de todo, otros niños no querrán jugar con él más adelante si sólo piensa en sí mismo.

◀ *Si puede animar a su hijo a compartir los juguetes a esta temprana edad, a la larga todo será más fácil para ambos.*

**P** ¿Por qué mi hijo de 19 meses sigue despertándose varias veces cada noche para beber agua?

**R** Probablemente se despierte porque disfruta cuando usted le dedica su atención. Si acude a su lado durante la noche, no le levante de la cama ni para beber; en su lugar, cálmele sin que abandone el lecho. Su costumbre de despertarse por las noches terminará si usted sigue esta estrategia.

**P** Me siento como si estuviera enfrentándome constantemente a mi hijo. ¿Qué puedo hacer?

**R** Intente adoptar un enfoque más positivo. Empiece por elogiarle más cuando se porte bien en lugar de reprenderle por portarse mal; asegúrese de pasar tiempo con él simplemente divirtiéndose; y procure reducir la duración de los enfrentamientos, de modo que el enfado entre usted y su hijo no dure más de lo necesario.

**Juguetes:** grabaciones musicales, arcilla o plastilina para modelar, utensilios domésticos de juguete, juguetes de arrastrar con ruedas, clasificadores de formas.

---

▲ *Descubrirá que su hijo empieza a poner más distancia física entre usted y él a medida que se aleja para explorar en el parque o con el grupo de juego.*

Prepárese para darle consejo en situaciones sociales porque la solución que sea evidente para usted puede no serlo para él. Quizá no se le ocurra que, por ejemplo, debería decir «hola» a un niño que se acerque a él. Por eso debe ofrecerle mucha orientación social básica.

Lo mismo sirve para el juego. Quizá no se dé cuenta de que dejar que otro niño juegue con sus juguetes es una práctica social útil. Lo más probable es que no esté preparado para seguir todos sus consejos, pero empezar a ponerle ejemplos sobre la interacción social al menos le hará pensar en esos temas.

Su hijo expresa su imparable deseo de autonomía de muchas maneras. Por ejemplo, puede apartarle la mano cuando usted intente ayudarle a comer. Ahora es un buen momento para buscar signos de que está preparado para aprender a ir solo al baño. Pero recuerde que cada niño es diferente y que aunque otros inicien este aprendizaje hacia los 21 meses, algunos no estarán preparados para empezar hasta más tarde.

---

## ✦✦✦✦✦ Consejos ✦✦✦✦✦

**1. Crea en su propia capacidad como madre o padre.** Dígase que es un buen padre o madre, sobre todo cuando su exigente hijo le domine. Esfuércese por mantener un alto grado de autoconfianza para sentirse capaz de tratarle de un modo competente.

**2. Disfrute de su compañía.** A su hijo le encanta pasar el tiempo con usted. Escúchele cuando intente explicarle su última noticia emocionante y juegue con él. Necesita saber que usted no se preocupa por él menos que antes.

**3. Estructúrele el día.** A su hijo le gusta que el día sea predecible hasta cierto punto. Por ejemplo, puede servir la comida dentro de un margen de tiempo idéntico cada día, o puede dejarle ver una cinta de vídeo cada día a la misma hora. La rutina le hace sentirse seguro.

**4. Consuélele cuando esté afligido.** Se sorprenderá al oírle llorar cuando le había visto jugar alegremente apenas un minuto antes. Puede alterarse rápidamente por algo que a usted le parezca trivial pero que para él sea enorme.

**5. No complique las explicaciones de las reglas.** A esta edad, su hijo entiende las explicaciones simples como: «No me pegues porque me hace daño y me pongo a llorar.» Déle explicaciones que anticipen las consecuencias de sus actos en términos que él pueda comprender.

# Estimulación del desarrollo socioemocional: de los 22 a los 24 meses

Su hijo será cada vez más sociable a medida que se acerque a su segundo cumpleaños, aunque muchos de sus contactos con otros niños todavía acaben en llanto, normalmente a causa de disputas por juguetes. Quizá se muestre un poco tímido con los desconocidos y reciba a parientes que no haya visto desde hace tiempo con una expresión vacía. Será más propenso a comer solo y podrá mantenerse limpio y seco durante el día.

## LAS CRÍTICAS

Criticar con frecuencia a su hijo por su mala conducta reduce su confianza en sí mismo y crea un mal ambiente para todos en casa. Cuando quiera que cambie de actitud, combine sus observaciones negativas con un comentario más positivo.

Por ejemplo, en lugar de decir: «Eres malo por dejarlo todo desordenado», puede decirle: «Me sorprende este desorden porque normalmente guardas tus juguetes». Evite criticar a su hijo de 2 años como persona («Eres horrible por hacer eso»), porque probablemente se sentirá poco querido. En su lugar, concéntrese en describirle cómo se siente usted cuando él se porta así («Te quiero pero no me gusta lo que has hecho»).

### Sugerencias

La gente habla de los «terribles dos años» cuando alude a esta etapa del desarrollo porque se asocia a un comportamiento difícil y desafiante. Y no cabe duda de que hay algo de verdad en esa afirmación. Por ejemplo, tratar las rabietas de su hijo en el supermercado (porque quiere una tableta de chocolate que está al alcance de su vista) es extremadamente embarazoso. A veces puede mostrarse muy impertinente. Vivir con un impetuoso niño de 2 años es una dura prueba para la paciencia de los padres más sosegados. Pero intente mantener una perspectiva positiva por muy desesperante que sea a veces la conducta de su hijo.

▶ *Es probable que su hijo de 2 años esté desarrollando un sentido del humor más elaborado, por lo que ahora podrán reírse juntos.*

Tranquilícese pensando que esta conducta –aunque muy irritante– es normal y no significa que usted sea un fracaso como madre o padre, ni que esté haciendo algo mal. Por supuesto, cultivar esta actitud no tendrá ningún efecto directo sobre la conducta de su hijo de 2 años, pero puede contribuir a que usted se valore más. Haga un esfuerzo por buscar las cualidades más halagüeñas de su hijo, como su sentido del humor, su personalidad solícita y su inagotable curiosidad. Esto le ayudará a mantener una visión equilibrada de la maternidad o la paternidad.

◀ *Dé la vuelta a la tortilla de vez en cuando y deje que su hijo le cepille el cabello o le ayude a vestirse yendo a buscar sus zapatos; gozará con la responsabilidad.*

A estas alturas, su hijo probablemente tenga un buen control de los intestinos y de la vejiga durante el día y le complazca llevar ahora pantalones «como un niño mayor». Pero seguirá necesitando muchos elogios y ánimos para conseguir usar el orinal; tranquilícele cuando se moje de vez en cuando. Su control de los intestinos y de la vejiga mejorará mientras siga teniendo confianza en sí mismo.

Ahora la amistad empezará a desempeñar un papel más importante en su vida. Disfrutará en compañía de otros niños, y quizá se aburra, o se enfurruñe si pasa demasiado tiempo solo. Por otra parte, no se sorprenda si descubre que él y sus amigos se pelean con frecuencia, aunque debe hacer cuanto pueda por resolver cualquier disputa. A esta edad, los niños no se guardan rencor y olvidan rápidamente las desavenencias pasadas. Intente que tenga a alguien de su misma edad con quien jugar casi todos los días.

## ✦✦✦✦✦ Consejos ✦✦✦✦✦

**1. Haga ver a su hijo que valora sus logros.** Su confianza en sí mismo depende en gran parte de cómo crea que usted lo ve; necesita sentirse valorado por usted. Tendrá un buen concepto de sí mismo cuando usted le elogie y le dedique su atención.

**2. Anímele a pensar en los demás.** Se volverá más sensible a los sentimientos ajenos si usted se lo sugiere. Pídale que piense en los niños con los que se relaciona y en los juegos a los que podrían jugar.

**3. Déle pequeñas responsabilidades.** Incluso a esta edad puede decirle que se encargue de guardar sus juguetes en la cesta. La responsabilidad en pequeñas dosis incrementa su madurez y su autonomía.

**4. Enséñele a esperar su turno.** Esta fundamental costumbre social es de las que pueden practicarse en casa. Hágale experimentar la sensación de esperar para tomarse su bebida hasta que usted tenga la suya, o dejar que su hermana hable primero.

**5. Busque tiempo para usted todos los días.** Usted necesita tiempo para estar a solas. Se sentirá más capaz de lidiar con el variable comportamiento de su hijo de 2 años si se dedica algún tiempo durante el día.

▲ *No deje que la educación del uso del orinal sea algo que se le atragante. Su hijo se trastornaría y el éxito en esta área depende muchísimo de su grado de confianza.*

## P reguntas Y R espuestas

**P** ¿Por qué mi hijo se niega a pedir perdón cuando hace algo malo?

**R** Usted espera demasiado de su hijo insistiendo en que se disculpe. No puede obligarle a decir las palabras que usted quiere oír. En su lugar, asegúrese de que sepa que se ha disgustado con sus actos y que se enfadará si vuelve a repetirlos.

**P** ¿Cómo puedo lograr que mi hijo sea menos tímido cuando está con otros niños?

**R** Puede probar varias técnicas. No le permita evitar las interacciones sociales; asegúrele que caerá bien a los demás niños y todos querrán jugar con él; y procure que juegue con un solo niño a la vez, en lugar de con un grupo. Estas estrategias contribuirán a reducir su timidez.

🧸🚂 **Juguetes:** disfraces, libros ilustrados, colchoneta de juego grande, juguetes apilables, puzzles de tablero, postales ilustradas.

# Estimulación del desarrollo socioemocional: de los 25 a los 30 meses

El desarrollo social de su hijo progresará a medida que sea capaz de llevarse bien con otros niños. Estará dispuesto a jugar con sus amigos y podrán relacionarse mejor. Probablemente advierta que es más atento con un niño que llora. Sin embargo, aunque goce de una mayor autonomía, durante su tercer año podría mostrarse ansioso en situaciones que antes afrontaba confiadamente y usted debe ayudarle a superarlas.

## LOS MIEDOS

Los resultados de las investigaciones sugieren que la mayoría de los niños desarrollan al menos un miedo en la edad preescolar, aunque las niñas tienden a mostrarlos más que los niños. Los miedos se desarrollan a esta edad a causa de una combinación de la activa imaginación del niño y sus altibajos de confianza.

Los miedos habituales de un niño de unos 30 meses incluyen el miedo a los animales pequeños que se mueven con rapidez y a la oscuridad. Estos miedos tienden a aparecer a muy temprana edad y también se desvanecen enseguida. Usted puede ayudar a su hijo a superar sus miedos dándole apoyo, animándole a enfrentarse a ellos y no burlándose de él.

## Sugerencias

A esta edad, su hijo quizá muestre una ansiedad mayor cuando se separe temporalmente de usted, cuando salga y lo deje al cuidado de un pariente o canguro. Es sorprendente ver que rompe a llorar ante la perspectiva de separarse de usted durante un breve período de tiempo, sobre todo cuando antes no presentaba esta clase de conducta. Esta nueva ansiedad puede deberse a que su apego por usted es muy fuerte

◀ *Si su hijo pasa por un período de dependencia y no quiere que usted se vaya, consuélele y tranquilícele cuanto pueda.*

y ahora tiene la imaginación suficiente para preocuparse por si tiene que apañárselas sin su ayuda.

Si su hijo parece estar a punto de echarse a llorar cuando caiga en la cuenta de que usted va a salir sin él, intente calmarle en el momento de marcharse. Reprenderle o burlarse de él por lo que parece ser un comportamiento inmaduro sólo empeorará las cosas. En su lugar, déle un fuerte abrazo, dígale que volverá pronto y que querrá saber todo lo que ha hecho en su ausencia, y luego váyase tanto si llora como si no. Entretenerse con su hijo hasta que se calme del todo puede convertir la situación en un drama; una

▶ *Introduzca la noción de compartir animando a su hijo a ofrecer comida a otros niños; si él también recibe una galleta, se alegrará de hacerlo.*

▲ *Es probable que compartir juguetes y utensilios con otros niños sea siempre causa de tensiones, pero insista en el concepto de turnarse.*

## ✺✺✺✺✺ Consejos ✺✺✺✺✺

**1. Ayúdele a alcanzar el éxito.** No hay nada como el éxito para fortalecer la confianza en uno mismo. Oriente a su hijo cuando intente completar un puzzle o cuando haga algo para aumentar su autonomía; el sabor del éxito le encantará y le motivará para proseguir con esa actividad.

**2. Mantenga el contacto físico cariñoso.** No es demasiado mayor para no disfrutar acurrucándose contra usted cuando le lea un cuento. El contacto estrecho hará la actividad mucho más agradable para él y para usted.

**3. Comente sus puntos fuertes, no los débiles.** Es probable que su hijo sienta lástima de sí mismo cuando no consiga su objetivo. Cuando se sienta negativo, dígale las razones por las que cree que es fabuloso. No le «malcriará» elogiándole, sino que aumentará su confianza.

**4. Escúchele cuando le hable.** En cuanto haya terminado de jugar con otros niños de su edad, querrá contarle lo que han hecho. Escuche atentamente sus comentarios, asintiendo y expresando su interés en los momentos adecuados.

**5. Desapruebe la mala educación.** Su hijo quizá no sepa que es de mala educación colarse o señalar los defectos físicos de alguien. Depende de usted para aprender «modales» a esta edad.

breve separación cariñosa a la larga reforzará su confianza.

Se le dará mejor compartir pero le seguirá costando poner en práctica esta costumbre social. Mientras acepta alegremente caramelos y juguetes de sus amigos, lo más probable es que se aferre a sus posesiones. Quizá no comprenda aún que compartir es algo recíproco. Hable con él y anímele a compartir bajo su supervisión. Por ejemplo, observe cuando ofrece caramelos a sus hermanos o amigos. Pronto las discusiones con sus iguales por motivos triviales disminuirán.

Si aún no está preparado para contribuir a vestirse y desvestirse, ahora es el momento de interesarle en esta actividad. En realidad no importa cuánto ayude –tanto si intenta ponerse la camiseta y los pantalones como si apenas sabe quitarse los calcetines–, siempre que comparta la responsabilidad de la actividad. No lo haga todo usted porque sea más fácil y rápido.

▼ *El éxito en una empresa, como aprender a usar el tobogán, impulsará a un niño a aceptar otros nuevos retos.*

# P reguntas Y R espuestas

**P** ¿Es verdad que a esta edad las niñas son en general más atentas con los demás que los niños?

**R** Los psicólogos que estudian este tema han descubierto, efectivamente, que existe cierta diferencia entre los niños y las niñas en ese sentido. La explicación más plausible es que los padres animan a las niñas a ser cariñosas y protectoras desde que nacen, y a la inversa, toleran más la conducta agresiva en los niños que en las niñas.

**P** ¿Es normal que un niño de esta edad sienta celos?

**R** Sí, los celos son un sentimiento humano. Lo verá en su hijo, por ejemplo, cuando usted muestre interés por otro niño. Cuando su hijo exprese celos, tranquilícele y déle seguridad. Aprenderá a controlar sus celos con la experiencia.

🧸🚚 **Juguetes:** bandeja de agua y arena, arcilla para modelar, lápices de colores y papel, pelota blanda, cochecito.

# Estimulación del desarrollo socioemocional: de los 31 a los 36 meses

Cuando cumpla los 3 años, será un niño más atento, social y sensible en general. Considerará la amistad importante y procurará ver a sus amigos cada día, ya sea en casa, en el grupo de juego o en la guardería. Las rabietas serán menos frecuentes y menos intensas, a medida que entienda mejor que el mundo no siempre gira a su alrededor.

## CUANDO SE SIENTE INFELIZ

Todo niño de 3 años tiene sentimientos negativos, pero éstos pasan pronto. Si siempre parece infeliz, esfuércese por descubrir qué le preocupa.

Su hijo puede alterarse por varias razones, aunque a usted puedan parecerle triviales. Por ejemplo, no saber dibujar bien, no poder subir por la escalera del tobogán o una observación de otro niño sobre la velocidad a la que corre, todo ello puede hacerle sentir mal. Hable con él cuando parezca abatido y trate de ofrecer una solución a su dificultad. Por encima de todo, asegúrele que cree que es un niño fabuloso.

## Sugerencias

Ahora cooperará más con sus amigos cuando juegue; no siempre compartirán sus cosas y se turnarán sin discutir, pero los desacuerdos menores serán cada vez menos frecuentes. Sus prácticas sociales serán más maduras en general. Procure especialmente alabar a su hijo cuando juegue bien con otros niños, porque este elogio reforzará una conducta social aceptable. Tampoco le hará daño que le recuerde, por ejemplo, antes de visitar a un amigo que debe

▶ *A esta edad los niños comienzan a cooperar más a menudo con los demás cuando juegan y disfrutan participando en juegos y actividades colectivas.*

◀ *En algún momento alrededor de los 3 años, los niños se vuelven más sensibles en su relación con los demás y empiezan a cultivar amistades más sólidas.*

portarse bien y compartir los juguetes y las juegos con su amigo.

Su hijo será progresivamente más responsable con las normas familiares y disminuirá la frecuencia de los desafíos a los límites establecidos. También sus aptitudes intelectuales y lingüísticas estarán más avanzadas, por lo que éste será un buen momento para dedicar más tiempo a explicarle por qué existen las reglas. No complique ni alargue demasiado sus aclaraciones, cíñase a lo básico. En cuanto le

▲ *Su hijo estará mucho más confiado ante las situaciones nuevas y cuando usted no esté presente.*

## ✦✦✦✦✦✦ Consejos ✦✦✦✦✦✦

**1. Ayúdele a superar los episodios de timidez.**
Si su hijo no quiere ir a jugar al parque o a casa de un amigo, anímele a superar la timidez. Dígale que allí disfrutará jugando con sus amigos y que si no va luego se arrepentirá.

**2. Enséñele cómo comportarse.** Una de las formas para que su hijo aprenda las habilidades sociales básicas es mediante la imitación del comportamiento de los adultos. Muéstrele cómo cooperan y comparten unos con otros en casa, sin enfadarse.

**3. Controle su agresividad.** A esta edad algunos niños pasan por una etapa en la que pegan a otros niños cuando éstos no hacen lo que ellos esperaban. Asegúrese de que su hijo entiende que está mal hecho. No permita bajo ningún concepto que se comporte de modo violento.

**4. Cómprele un animal doméstico.** Cuidar de un pez o de un hámster es una buena manera de desarrollar su atención por los demás y no le causará problemas. Sugiérale que siempre alimente a su mascota antes de comer e invítele a participar de otras formas en el cuidado de su nueva mascota.

**5. Esté pendiente de él.** Para su hijo cualquier problema tiene que resolverse urgentemente, ya que todavía no ha madurado lo suficiente como para establecer prioridades. Ayúdele cuando vea que algo le preocupa antes de que llegue a desbordarle.

haya explicado por qué, por ejemplo, no debe pegar a alguien, pídale que le explique la regla a usted. Además de ser una buena manera de comprobar si lo ha entendido, reforzará el mensaje.

A esta edad, su hijo será capaz de encargarse de tareas domésticas básicas, como tirar el papel usado a la basura o guardar sus juguetes en el armario. Quizá necesite explicarle cómo realizar estas tareas, pero estará dentro de sus posibilidades y resplandecerá de orgullo cuando usted elogie su buena disposición.

A estas alturas, su sentido del yo estará mejor definido. Será más consciente de quién es, de sus propios puntos fuertes y débiles, de sus gustos y aversiones y de cómo otras personas reaccionan ante él como individuo. Le verá indignarse cuando descubra que alguien más ha usado su espacio o sus posesiones personales. Es un signo muy positivo de su madurez, aunque a usted le parezcan agotadoras sus quejas de que las cosas deberían hacerse a su modo. Hágale partícipe de las decisiones menores sobre la elección de su ropa y su comida, siempre que sea posible. Pregúntele su opinión sobre la pintura o sobre la decoración de su habitación.

▼ *A su hijo le encantará tomar decisiones simples, como qué helado elegir.*

# Preguntas Y Respuestas

**P** ¿Cómo puedo impedir que mi hijo intente hacer cosas que yo sé que son demasiado difíciles para él?

**R** Lo intenta porque tiene mucha confianza en sí mismo y usted no puede hacer gran cosa para que sea más realista. No obstante, cuando apunte demasiado alto y no consiga su objetivo, ayúdele a evitar la decepción recordándole todos sus éxitos. ·

**P** A mi hijo de 3 años le encanta ver programas de televisión. ¿Puede ser perjudicial para él?

**R** Los estudios psicológicos confirman que a los niños les influye el contenido de los programas que ven, y no cabe duda de que ver programas violentos acrecienta su agresividad. Mientras que muchos programas para adultos no tienen un contenido perjudicial, probablemente sea mejor orientarle hacia los diseñados específicamente para niños.

🧸🚒 **Juguetes:**
mobiliario de tamaño infantil, puzzles troquelados, juegos de construcción, disfraces, juguetes con pedales, materiales de manualidades.

# Índice de grupos de edades

# Índice de términos

# Agradecimientos

El editor desea agradecer a todos los niños y padres que aparecen en las fotografías de este libro su tiempo, energía, paciencia y colaboración. También nos gustaría dar las gracias a las siguientes empresas por la aportación de sus productos: The Corporation of London (Londres), The Early Learning Center (Swindon), South Marston Park (Swindon) y Marks and Spencer (Londres).

*Niño genial*

Título original: *Bright Toodler*

Segunda edición: julio 2002

Copyright © Octopus Publishing Group Limited 2001

Mens Sana es una marca registrada de Parramón Ediciones, S. A.

Copyright © para la edición española Parramón Ediciones, S. A., 2002
Gran Via de les Corts Catalanes, 322-324
08004 Barcelona, España

Traducción: Victor Lorenzo

ISBN: 84-342-3024-0

Impreso en China